BIBLIOTHÈQUE ROSICRUCIENNE
DEUXIÈME SÉRIE. — N° 3.

GUILLAUME POSTEL

ABSCONDITORUM CLAVIS

Traduit du latin pour la première fois.

PARIS

BIBLIOTHÈQUE CHACORNAC

11, QUAI SAINT-MICHEL, 11

—

1899

ABSCONDITORVM CLAVIS

C L E F

des choses cachées
dans la constitution du monde
par laquelle
l'esprit humain dans les notions
tant divines qu'humaines
parviendra à l'intérieur du voile

DE L'ÉTERNELLE VÉRITÉ

PAR GVILLAVME POSTEL

Translateur

DES DÉCRETS DIVINS

Avec un Appendice

ÉDITEUR :

A. FRANC. DE MONTE S.

AMSTERDAM

CHEZ JEHAN JANSSONIUS

Année 1646

Dès que j'eus commencé, suivant ton désir à être admis dans ton intimité, ô MAGNIFIQUE et TRÈS NOBLE seigneur, *vénérable protecteur*, je reconnus pour mon plus grand bien et ma consolation, de t'avoir inspiré au-dessus de toutes choses le goût de cette étude sacro-sainte qui, maintenant est bannie du monde.

Pourquoi donc ne pourrai-je, comme témoignage de l'âme reconnaissante, et en mémoire de Ta Piété et de Ta Bénignité pour moi, et suivant mon très mince mérite, produire ce petit Livre du fond de mon Exil, grand, noble et glorieux Seigneur et augmenté et corrigé, l'inscrire et le dédier à ton nom? Afin que tu veuilles le recevoir comme tu en as coutume avec un esprit bienveillant et une main amie, je te prie instamment de daigner encore me conserver, à moi, misérable exilé, ta faveur et protection. Vis et DEMEURE en Lui comme Il vit et demeure en Toi. Tu désires (V. N. I. C. E. ΧΡΙΣΤΩ) le Christ uniquement *en qui il n'est rien de blâmable ni de répréhensible*, qu'il soit donc en toi, avec toi, par lui-même et par toutes choses.

De ta très noble grandeur,

avec respect :

A. V. F.

PROLOGVE

au Lecteur ami

à qui soit

LVMIÈRE ET PAIX

Sempiternelle

en

N.S.I.C.

Enfin, la Lumière naît du Feu, la Paix de la Guerre, la Douceur de la Violence, quoique fort tard, parce que, suivant la sentence de Platon, IL EST PLVS FACILE DE MOVVOIR CE QVI EST EN REPOS QVE DE RETENIR CE QVI EST EN MOVVEMENT. C'est pourquoi, garde-toi de jeter le trouble parce qu'il n'est pas facile ensuite d'apaiser. Et cependant le premier venu des hommes misérables désire les cris de joie après le signal de la guerre, le jour après la nuit, l'Été après l'Hiver, afin que les fruits parviennent à maturité. C'est comme si, ayant réuni les branches abattues d'un chêne et ayant allumé un incendie, quelqu'un s'efforçait ensuite d'éteindre la flamme, ce qu'il chercherait vainement à faire en excitant la flamme avec un glaive ou en y jetant de l'huile ou en travaillant à alimenter l'embrasement. C'est pourquoi nous faisons tous également des vœux pour le Bien. Et principalement le *Monde Chrétien*, dans cette époque de ruse et de dissimulation misérablement divisé et attaqué par l'astuce du *vieux serpent*, réclame une restauration par les PRIÈRES et les LARMES et aussi par les conseils et les exhortations des HOMMES Pieux et Sapients; et le SALVT DV PEVPLE CHRÉTIEN, la Sécurité des Royaumes, la Paix des Consciences dépendent tellement de leur soin et de leur cœur que c'est la SVPRÊME LOI.

Parmi ceux-ci, et le premier entre les Premiers, le SÉRÉNISSIME et POTENTISSIME Roi et SEIGNEVR DN. VLADISLAVS IV, VAINQVEVR et TRIOMPHATEVR PACIFIQVE a voulu orner son TRÔNE Royal d'un augment de VERTV et de FÉLICITÉ, afin que, la Tranquillité du GOVVERNEMENT ayant été obtenue et acquise, il puisse, après les travaux des Armées et des Légions, s'occuper paternellement par les Lettres et par les Lois de l'ÉGLISE à procurer la Concorde et le Salut dans le COLLOQVE CHARITATIF convoqué dans sa Royale Cité de THORN. OEuvre (au milieu du monde entier presque embrasé encore par les séditions) vraiment très digne de ce grand ROI et de ce PROTECTEVR Chrétien.

On a vu d'ailleurs notre Auteur Pandochæus

(*Aliàs* Postel), décrire mystiquement et élucider pleinement et démontrer avec évidence le Fonde-ment et la Raison universelle pour acquérir et obtenir ce résultat. Et il fut au dire des plus Doctes, et ainsi que ses écrits l'attestent, l'HOMME le plus studieux et le plus amateur, en son siècle, de la Pan-Sophia ou Sapience Universelle, c'est-à-dire de la Vérité et de la Charité (par lesquelles seules subsistent le salut et la vie des mortels).

C'est pourquoi, entre autres dons et honneurs, il obtint de DIEU par la NATVRE et à cause de très longues pérégrinations et actions à la fois pieuse-ment et savamment éclatantes, de devenir Profes-seur de douze des principales langues et d'être citoyen illustre de Hiérusalem, d'Alexandrie, de Constantinople, de Rome et de Paris (où il est né et mort), et il aura mérité, sinon d'être comblé de tous les biens de la vie, du moins, ce qui est vrai-ment singulier, d'atteindre, en mourant bienheu-reusement, à la cent trentième année de son âge (comme l'atteste Helisæus Ræselinus, au livre : *De Expeditione Aquilo Nautica et Stella Novâ*, chap. VII, p. 43), au mois de septembre de l'an 1581. Il aura donc vraiment tenu le plus haut rang dans son siècle, en voyageant, en appre-nant, en écrivant et en enseignant pendant tous les lustres de sa vie, comme l'attestent ses livres.

Ce présent petit livre du même auteur (*Clef des choses cachées dans la constitution du monde*) a été édité, il y a déjà plus de cent ans, dans l'illustre ville de Bâle; c'est pourquoi nous le remettons de nouveau sous presse afin que, suivant la Norme et la Forme salutaire de la Paix universelle et de la Concorde à stabiliser et l'usage de nos maîtres sacro-saints, nous en fassions renaître le goût et le désir; et que nous fassions comprendre en même temps aux Dispensateurs des mystères, combien il serait Bon et Agréable et même TRÈS BEAV et TRÈS SALVTAIRE pour tout le Monde Chrétien, non de réunir violemment par la force et la crainte, ou la violence et le bruit des armes charnelles, les Esprits et les Ames (*animos ac animas*), des Chrétiens avec les mauvais Chrétiens ou esclaves ignorants et proxénètes du Christ qui s'égarent dans le culte trompeur des religions particulières; mais de les réunir suavement plutôt au CHRIST lui-même, SEIGNEVR et Époux des Consciences, par l'ESPRIT DV CHRIST, c'est-à-dire de Douceur et d'Humilité, en s'adonnant à Lui fortement et en l'imitant humblement par une Foi Sainte et une Vie Sainte. Parce que, suivant la Clef Prophétique (III Rois, XIX vers. 11 et 12), ce n'est ni dans le souffle impétueux (du Monde et de la Nature), ni dans la commotion (de la loi fulminante), ni dans le Feu (des Zélateurs du jugement) que se trouve le SEIGNEVR ⟨יְהֹוָת⟩ mais dans le petit souffle doux et ténu qui est la voix de la Grâce et de l'Évangile de la Paix. *Et* H. I. C. *est Jésus*, ce Fils de Dilection, en qui est le SALVT, la Paix et le Repos de l'Ame, et toute volonté et volupté du PÈRE Omnipotent; BÉNI soit SON nom!

Cette chose VNIQVE et pourtant très NÉCESSAIRE n'a pas été observée jusqu'ici avec vigilance ainsi qu'il convenait, en tous lieux et par tous, mais a été attaquée imprudemment (pour ne pas employer de pire expression) par un très grand nombre; et c'est la cause pour laquelle nous sommes, dans tout ce monde d'EVROPE, dans le malheureux état actuel, c'est-à-dire Discordants, Haineux, Impersuadables, Envieux, Orgueilleux, Querelleurs, sans Esprit, sans Foi, sans Charité, sans DIEV et (hélas! chrétiens!) sans CHRIST!

Fasse IEHOVAH, c'est-à-dire Jésus, qui est la Voie, la Vérité, la Vie éternelle, c'est-à-dire notre RÈGLE unique, plane, excellente et canonique des choses que nous devons Croire et Faire, qu'en scrutant la nature et la grandeur de celles-ci, elles nous deviennent plus intimement connues qu'elles ne l'ont été jusqu'à présent; que nous nous appliquions plus parfaitement à la CHARITÉ et que nous tournions salvifiquement et pacifiquement

toutes nos études et nos exercices à la seule grâce
et à la seule gloire du seul JÉSVS-CHRIST, notre *Roi
et Sacerdote* Catholique et Œcuménique. Principalement parce que la septième classe des Béatitudes
porte l'insigne épigraphe suivante : (S. Matth.
v, 9).

BIENHEVREVX LES PACIFIQVES

parce qu'ils seront eux-mêmes appelés FILS DE DIEU ;
et de même la Troisième (*Ibid*. vers. 4).

BIENHEVREVX CEVX QVI SONT DOVX

parce qu'ils hériteront de la Terre (la Terre de la
Promesse, la Terre des Vivants).

Écrit sous l'ombre de

GAN EDENIS, du côté de l'AQVILON

Dans la cité du Grand Roi

En l'an de la Pacification dans lequel

SVB VVLADISLAI qVARTI, benè VIVItVR VMBra ! (1)

A.V.F.

---

(1) On vit heureusement sous la protection de Vla-
dislas IV. Ann 1645.

CLEF

DES CHOSES CACHÉES DANS LA CONSTITUTION DU MONDE

par laquelle l'Esprit Humain
dans les notions tant Divines qu'Humaines
parviendra à l'intérieur du voile
de l'Eternelle Vérité.

CHAPITRE I

I. De même que dans les Individus ou Particuliers pour lesquels il est impossible de parvenir à l'Infini, Dieu, le Très-Haut et le Tout-Puissant a caché les raisons des choses naturelles et futures qui procèdent successivement d'eux-mêmes afin que rien ne soit dans aucune multitude qui n'ait été d'abord et principalement dans le premier Individu; de même dans les choses sacrées grâce auxquelles existent les choses profanes, Dieu a dû nécessairement accomplir la plus grande perfection.

II. Une longue suite de siècles est toujours profitable, tant aux vertus et qualités qu'on doit exciter en l'homme, qu'à la cognition de leurs

principes qu'il faut obtenir par l'effort de l'âme
et du corps; et comme cette loi est constante,
même au milieu des ténèbres et des vices, il est
nécessaire que Dieu ait proposé ainsi des Édits
Sacrés par lesquels l'humaine fragilité soit for-
tifiée, tant dans la fuite du vice que dans l'adep-
tion de la vertu, puisqu'il en était déjà ainsi en
premier lieu pendant la plus grande obscurité. Et
ces édits ont dû être disposés de telle sorte que les
siècles, avançant de plus en plus en les éclairant
et les expliquant sous la conduite de l'Esprit de
Dieu, les rendissent si clairs et si accessibles à
l'homme, qu'il ne restât pas un accent, pas un
point de la Langue du premier Homme, dont on
ne puisse par leur aide rendre parfaitement raison.

III. Puisque la Gloire de Dieu est donc de cacher
le Verbe comme Dieu est caché suivant la parole
du Prophète Salomon, et que la gloire future des
Rois, c'est-à-dire des hommes qui, par leur victoire
règnent dans l'Univers selon la Volonté de Dieu,
est d'interpréter et d'expliquer ce Verbe Divin, soit
au sens supernaturel soit au sens naturel, il est
nécessaire de parvenir entièrement à la parfaite
cognition des choses naturelles et supernaturelles
ce qui commence surtout maintenant à être évident
par la perscrutation des Lettres Sacrées.

IV. Il est très certain que, puisque Dieu, l'infini Bienfaiteur, a créé toutes les choses compréhensibles de telle sorte qu'il soit connu, aimé et loué d'elles de toute Éternité, il est nécessaire que toutes les choses créées à venir soient clairement adéquates à notre intellect, sinon elles seraient formées en vain. Et puisqu'il est nécessaire que cela soit complètement dans les choses naturelles, ce l'est encore bien plus dans les choses supernaturelles et dans les Saintes Écritures, car celles-ci ont été écrites pour le passant, le voyageur et non pour celui qui a atteint le but, et c'est à peine si l'ombre de la majesté latente en elles nous est communiquée, excepté durant la cognition du premier avènement du Christ; il faut donc, dis-je qu'il vienne un temps où elles soient réellement connues de tous les Hommes puisqu'elles ont été écrites pour tous.

V. S'il advenait en effet que les hommes ne parvinssent qu'en nombre très restreint à la cognition de ce qui est publiquement exposé pour tous, Dieu aurait créé les choses naturelles dans une condition bien supérieure aux choses surnaturelles, puisqu'un très grand nombre d'hommes atteignent les raisons et les principes les plus élevés des premières, et ont acquis ainsi à juste titre le nom de Philosophes; tandis que très peu ont excellé dans les choses Sacrées.

CHAPITRE II

I. Puisque la Divine Bonté produit toutes choses non seulement avec la puissance d'Être, mais encore de bien Être, de telle sorte qu'elle puissent atteindre au souverain Bien (autant qu'elles en sont capables), il est absolument nécessaire que, Dieu ayant donné à tous les Individus, outre l'Essence commune à leur nature, le privilège de la Distinction d'avec les autres êtres, (car tous les Êtres seraient un seul et même être s'ils ne différaient pas des autres) cette distinction soit encore plus grande en la Nature Humaine grâce à laquelle existent toutes les autres qui lui sont inférieures, et il est nécessaire aussi que Dieu ait augmenté et achevé son bienfait de telle sorte que, outre la Différence des qualités sensibles que les corps humains ont entre eux à l'instar des autres, la même distinction et exubérance de grâces existe également entre les Ames, grâce auxquelles existent les corps.

II. Et comme jusqu'à notre époque il a conservé dans le cours des choses naturelles et sensibles les mêmes espèces et genres d'êtres qu'il avait lui-même formés au commencement, il est nécessaire qu'il ait fait de même dans toutes les choses supernaturelles, et avec une intensité d'autant plus grande dans celles qui sont plus sujettes à la corruption et à l'inconstance. Il est certain que depuis le premier intellect qui fut uni au corps humain les choses naturelles ont, de tout temps, persévéré dans leur cours nonobstant toutes vicissitudes; donc quoique la grâce de Dieu et par conséquent l'Église de Dieu à qui elle est confiée, ait été travaillée de beaucoup de tumultueux mouvements des affaires humaines, néanmoins il a fait sa même *Église* continue et une depuis nos premiers parents pour engendrer et régir jusqu'au dernier Homme.

III. Ensuite, de même que nous voyons par le concours des quatre Éléments, par la singulière propriété ou tempérament céleste, et par la volonté imposée par le seul Créateur, *les quatre Saisons de l'Année* produire toutes également des fruits, éminemment, potentiellement ou prescriptivement, et en acte dernier ou réellement, il faut

donc que, par la même analogie, par le tempérament inférieur des *quatre Ages de l'Homme* et
par la concession singulière de sa grâce, l'Église
ait suivi rigoureusement le même cours et doive
être conduite ainsi jusqu'à la fin du Monde.

IV. Et puisque tous les êtres naturels conser-
vent partout le mode suivant lequel s'opère leur
croissance, il est nécessaire que l'Église, par le
concours des hommes qui, chacun en particulier
la composent, croisse dans le culte divin, divinement prescrit, tant aux étrangers qu'à ses propres
fils et serviteurs, de sorte qu'elle soit complètement conduite à travers ses quatre âges jusqu'à
sa perfection, comme nous-mêmes sommes con-
duits par l'Enfance, la Jeunesse et la Virilité jusqu'à notre Vieillesse.

V. La Vérité Éternelle a voulu cacher les quatre
Ages de son Église sous le voile de paraboles
variées, tant dans le Nouveau que dans le Vieux
Testament (*Instrumentum*) de sorte que le signe
des trois Ages passés, lorsque l'âge de la Vieillesse
devra enfin venir, « soit clairement connu alors,
« parce qu'il faut que l'Église entière soit restituée
« sous un seul Pasteur, ainsi que l'exposent les
« Saintes-Écritures en une infinité de passages et
« de manières, et comme le pensent en outre les
« Brahmanes répandus aujourd'hui dans l'Inde,

« les Musulmans et les Juifs sur presque toute la
« Terre et en quelque lieu qu'ils soient, puisqu'ils
« en témoignent par leurs Oracles et dans leurs
« Prières. »

CHAPITRE III

I. On ne peut révoquer en doute, sans être opposé à toute opinion raisonnable, que Dieu perfectissime ait formé l'Homme suivant un mode perfectissime pour être le prince des Êtres animés, afin qu'il soit la Règle et la Norme de dispensation de tout ce théâtre de la Nature sensible, et afin que toutes choses soient, sous sa direction, conduites à leur fin, par son industrie et ses soins ; comme nous voyons qu'il a été placé par Dieu lui-même au milieu des âmes de tous les êtres pour tendre lui-même à son propre intérêt, dans ses fils, ses serviteurs, ses sujets et ses administrateurs.

II. Puisque nous voyons fréquemment les Hommes ne pouvoir obtenir ce qui fait l'objet de leurs vœux, et que nul ne peut nier que le genre humain soit attaqué de tant de maux, aussi bien de l'Âme que du corps, qu'il doive être maintenu en bon état par de nombreuses prescriptions, tant de l'Ame que du Corps, il est donc nécessaire que le genre Humain soit, dans ses parties inférieures, rétabli dans cette perfection perdue par le péché au moyen de lois qu'il réclame partout aujourd'hui. S'il en était autrement, le Péché en pervertissant, et les misérables (*nebulones*) en troublant l'ordre de la Nature par les tyrannies et les concupiscences, seraient plus puissants que Dieu conduisant à ses fins.

III. Puisqu'il est impie de penser de la Divine Bonté qu'elle ait pu prévoir depuis l'éternité des choses, que ce monde serait exposé à tant de douloureuses souffrances sans jamais être libéré, il est nécessaire que le Péché et le Diable et tout ce qui est né d'eux par occasion, soit détruit par le Remède du salut ; de sorte que, dans le temps de la vieillesse de l'Église, qui advient maintenant après l'Enfance de la Nature, après la Jeunesse de l'Écriture, après la Virilité de la Grâce, toutes choses soient conciliées et réduites en leur lieu, et qu'on voie enfin par l'acte de la Fin ce pourquoi Dieu avait créé les êtres inférieurs.

IV. De même qu'il est nécessaire que dans le *Premier Père*, avant que toute sa postérité se fut corrompue en lui, la nature et la grâce aient été

unies afin qu'il tendît à Dieu par le Médiateur et
les créatures ; ainsi il faut que soit faite la Restitution de toutes choses là où a eu lieu la Destruction,
afin que tous puissent, dans cette vie, apprendre
à connaître Dieu, ce qui n'est pas encore atteint,
et qu'ils reçoivent avec usure et non comme un dé-
lit, mais comme un don, tout ce qu'Adam a pos-
sédé et devait posséder de perfection s'il n'avait pas
péché et toute sa postérité avec lui.

V. Quoique par la faveur du Médiateur et Rédempteur fini et infini qui peut seul, par son ordinaire puissance, nous libérer de notre dette finie
et infinie envers le Dieu immobile et immutable ;
quoique par lui, disons-nous, toutes choses soient
réparées de sorte que, si nous vivons longtemps
dans d'innombrables tribulations, nous puissions,
par la mort, retourner à Vie Éternelle ; néanmoins
nous sommes encore en cette vie avec un très
grand préjudice pour nous, introduit par le péché, puisque « notre premier Père eût vécu heu-
« reux, sans péché et dans une parfaite charité,
« et eût enfin été heureusement délivré du faix de
« de la matière, sans passer par la mort, de sorte
« qu'il eût pu, au ciel et par tout l'univers, avec
« les êtres célestes ou avec ses descendants répartis
« en grades inférieurs, conduire comme un guer-
« rier émérite les célestes cohortes. » Car *partout*

où est le Dieu infini, là est le Ciel. Par conséquent avant que tous les principes de la condition humaine soient restaurés, le malheur et le préjudice qui se glissent en tous seront plus puissants que le Don qui est préposé à tous; cependant jusqu'ici il parvient à un petit nombre qu'il console et enrichit au milieu des plus grands malheurs et de la croix de cette vie, et jamais contre les prières et les vœux des hommes pieux dans les choses qui doivent arriver en cette vie.

CHAPITRE IV.

I. Puisque toutes ces choses, telles qu'elles ont été montrées, sont très certaines, et que *Jésus-Christ* lui-même entrera de nouveau *en nous* à la Restitution de toutes choses (selon la sentence de S. Pierre écrite dans les actes des Apôtres) lorsqu'il doit venir avec Élie, comme on le verra plus loin ; il est nécessaire que nous soyons rendus capables de recevoir de nouveau selon l'intellect ce qui était accordé à l'Homme premier par la grâce. D'où, puisque la promesse a été faite à l'homme après le péché qu'il serait délivré du mal (car il a été prescrit de toute éternité de croire qu'elle a été faite, parce qu'il en est ainsi et parce que, selon le témoignage de la conscience, elle est la récompense de ceux qui agissent) il est nécessaire que cette promesse soit rétablie en l'Intellect, « et « qu'il soit soumis aux lois de la Raison éternelle, « afin que tous, du plus petit au plus grand, sans « aucun effort de ceux qui enseignent » connaissent le Seigneur puisqu'ils auront été tous ensemble l'objet des actions divines.

II. Dieu a donc pourvu aux besoins du monde par ce Remède, afin que les hommes n'aient plus à disputer dans tout le monde si, dans les choses sacrées, les Actes suffisent seulement, comme le prétendent ceux qui s'intitulent perfidement Chrétiens, ou bien les Actes avec la Doctrine, comme le veulent tous les autres qui en diffèrent et suivent la vraie prescription de la Conscience et de la Loi divine ; et que l'*ultime Lumière* soit enfin rendue au monde, instaurant premiers ceux qui devaient être derniers, et derniers ceux qui devaient être premiers. C'est elle que le Christ avait envoyée aux siens lorsqu'ils l'affirmaient mais ne pouvaient pas encore en supporter la gloire. C'est là cette *Ablution des pieds de ses disciples*, après laquelle S. Pierre devait savoir et connaître.

III. Car, de même qu'il fut nécessaire après le déluge, chez les partisans endurcis de la loi de la nature, qui trompaient leur conscience elle-même, d'établir les peines du péché par le précepte de la Circoncision et par divers cultes observés, même avant Moïse, par ceux qui pratiquaient la piété afin qu'ils connussent dans les choses extérieures le Péché de l'homme dans la conscience, et que celle-ci fût suffisamment, par la grâce reçue, préparée au salut depuis si longtemps négligé; de même après que le peuple mosaïque ou l'âge de la jeunesse de l'Église eût converti l'horreur et l'agnition du péché en une vaine ostentation de bonnes œuvres, il fut nécessaire que le Bien-Aimé de Dieu vînt pour montrer l'immensité et le nombre des péchés, et que, consubstantiellement uni à lui, il portât les peines vis-à-vis de Dieu le Très-Haut et le Tout-Puissant, au nom de tous les hommes.

IV. Ainsi il est nécessaire, comme extrême Remède de la Nature, puisque le genre humain n'a pas connu le péché par la grâce présente à tous, dans la conscience et dans le culte externe, bien qu'en nul lieu du monde il n'ait été appris suivant une institution trompeuse; et puisque ceux qui le commirent négligèrent par les sacrifices extérieurs de recevoir avec un ferme courage le remède dans le sang du Médiateur, il est nécessaire donc, d'appliquer *à la vieillesse extrême le remède extrême*, par lequel tous les hommes ensemble, dans toute la terre, pourront connaître exactement et le Péché et sa force et se découvriront incapables d'y satisfaire équitablement par eux-mêmes puisque, finis, ils doivent une infinité de choses à l'infini ; et tellement que tous, avidement et sincèrement cherchent à aimer le Médiateur pour être unis et incorporés avec lui, comme il est lui-même uni avec Dieu. Ainsi donc, puisque tous sont capables, sous la conduite de la Raison, de connaître les choses qui sont contenues dans la foi, la Raison conductrice convaincra d'abord les Coupables et éprouvera les Pieux.

CHAPITRE V.

LA FOI RENDUE A LA RAISON MÈRE, TOUCHANT DIEU.

I. Que Dieu un, par qui, à cause de qui, en qui et avec qui sont toutes choses, ait existé avant toutes choses, cela n'a pas besoin d'être prouvé ; puisque, s'il en était autrement, il serait néces-

saire que toutes choses aient été créées par elles-
mêmes; et ainsi toutes choses auraient existé
avant d'exister, ce qui est impossible. Puis donc
que Dieu est ainsi, il est nécessaire qu'il soit éternel, infini, immobile, immutable, et qu'il contienne
la somme de toute perfection.

II. Puisque dans toutes les choses créées nous
voyons : l'Essence, l'Unité, la Vérité, la Bonté, il
ne peut se faire que Dieu ne les contienne pas
toutes; c'est pourquoi il faut que Dieu soit Essence, Unité, Vérité, Bonté; dans l'Unité de l'Essence, dans la Vérité de cette même Essence, dans
la Bonté de cette même Essence.

III. Puisque vraiment cette Essence, Unité, Vérité et Bonté qui existait avant toutes choses, a
créé toutes choses, pourquoi ne serait-elle pas
cette même Puissance, Sapience et Charité pro-
duisant toutes choses dans l'Essence pour l'utilité
de l'Homme. C'est pourquoi de la Puissance émane,
par éternelle génération, la Sapience qui lui est
égale en puissance; c'est pourquoi également la
Puissance est appelée du nom de *Père* et la Sapience du nom de *Fils;* et parce que de tous les
deux procède l'Amour, cet amour qui les unit tous
deux a été nommé *Esprit Saint.*

IV. Puisqu'il est très certain que *Dieu* est éternel, infini, immobile et immutable, et que le

Monde et tout ce que le ciel contient est d'une condition entièrement contraire, c'est-à-dire créé, fini, mobile et mutable, il est nécessaire qu'à la Formation de toutes choses (car on ne peut aller d'un extrème à un autre extrème sans médiation), ait paru la *Sapience* créée, finie, mobile et mutable et qu'elle ait été unie en un seul sujet à la *Sapience* incréée, infinie, immobile et immutable, et que par ce lien et cette force aient été formées les identités de toutes Formes, dans les Êtres et les diversités de la matière ou de chaque individu.

V. Quoique Dieu eût pu, par des ordres absolus, constituer la Nature de telle sorte qu'elle eût surgi par elle-même aux temps, lieux et circonstances déterminés; toutefois il n'en a rien fait et n'a jamais usé de son absolue puissance, mais toujours d'une puissance ordonnée, ce qui est évident par par l'observation de la nature, dans laquelle il n'est d'autre esprit que les causes supérieures, influant sur les êtres et corps célestes puis des êtres célestes sur les êtres terrestres, en tous les ordres singuliers et ordonnés des choses. C'est pourquoi la *Création et l'Essence* simple des choses est toujours semblable par la vertu de la *Sapience* immutable et éternelle, tandis que la *Différence et le Tempérament* existent par la vertu de la *Sapience*

mutable et créée; et elles doivent être unies consubstantiellement avant toutes choses pour que
toujours l'Essence et la Propriété soient unies
dans tous les êtres créés, ce qui ne peut avoir lieu
sans le Modèle et la Perfection supérieurs.

VI. Puisque toutes les choses qui sont formées
par l'Amour éternel sont introduites dans le
Théâtre de la Nature pour l'utilité de l'Homme, il
est nécessaire que cette Nature, éternellement une
avant toutes choses, et créée dès le commencement, et même avant les siècles, fût très proche
de la Nature Humaine, afin que la part de la Nature Humaine fût supérieure. De sorte que le
Monde, non seulement pour l'avantage de Dieu,
mais pour son propre avantage, eût pour but
d'unir avant toutes choses Dieu avec l'Homme,
autant qu'ils peuvent être unis. Ainsi la Raison
nous montre comme très vrai ce que l'Église a cru
dans sa période de Jeunesse et a tenu comme un
article de Foi, savoir : que l'*Ame du Médiateur* est
la première Créature de Dieu et la Loi et la Média-
trice de l'Univers; et c'est pourquoi, à cause de
ses propriétés sacrées, elle est appelée Binah
(בִּינָה) et elle est regardée comme l'Artisan de la
condition du Monde, composant tout avec Dieu, et
comme le Médiat ou la Médiatrice.

CHAPITRE VI.

DU MÊME.

I. Puisque Dieu, l'infini, a formé toutes choses de manière à être compris par les Créatures raisonnables, il fut nécessaire par dessus tout que la divine Bonté s'accommodât ainsi elle-même à la capacité Angélique ainsi qu'à la nôtre, et que la *Lumière de gloire* (ou quel que soit le nom qu'on lui donne) unît le fini à l'infini. « Cet Être à la fois « *Créature et Créateur* est le CHRIST par lequel sont « faites toutes les Créatures, par lequel les Anges « louent la Majesté Divine, tant de siècles avant « les Hommes créés, que, par défaut de connais- « sance du Numérateur, ces siècles ne peuvent « être nombrés. »

II. *C'est dans cette Ame* désirant notre salut, suivant le cas prévu, que le *Christ Agneau* est *crucifié* dès l'origine du monde. En elle, se trouve le Christ de Deux Natures, étant donné que toutes choses ont été faites dans le Christ et par le Christ. En elle est le Christ hier et aujourd'hui et dans tous les siècles. Par le Christ, les Anges désirent prévoir les choses futures qui doivent s'accomplir par Lui. C'est l'Esprit du Christ qui s'insinue en ceux qu'il perfectionne, comme dit S. Pierre : « C'est « par cette Ame que le Christ accompagnait tous « les Pères depuis Adam jusqu'à ce qu'il vint lui- « même dans la Chair et qu'ils ont tous bu de la « même pierre qui est le Christ (S. Paul, 1re Corinth. « x, 4). Elle est la main du Médiateur qui a donné « la Loi à Moïse, son serviteur. En résumé, toutes « les altérations, signes et miracles du Vieux Tes- « tament sont faits par la vertu de l'Ame du Christ, « unie à la Divinité. »

III. La Loi de Sévérité de la Divine Justice per- met que, par elle, l'*Abîme de la Charité* infuse en cette Ame, dispense contre les décrets de la Jus- tice ; autrement la modération eût été impossible envers l'Ange pécheur et encore moins envers le péché de l'Homme ; et dès lors, une fois l'ordre de l'Équité troublé, toutes choses eussent été renver- sées dans toute Créature finale, c'est-à-dire dans l'Ange et dans l'Homme. Car pour l'Ange rebelle comme pour l'Homme pécheur, puisque la fin gé- nérale était renversée en eux il était nécessaire que la Divine Justice les détruisît complètement et ordonnât immédiatement contre ceux qui avaient péché, des peines éternelles ; et puis qu'il n'en a pas été ainsi, il est donc nécessaire que tout jugement ait été remis au Fils, par le Père qui prévoit toutes choses, afin qu'il puisse en cette vie, tempérer les peines par son arbitre, puisqu'il doit s'enquérir de la conduite et du droit de tous au dernier jour.

IV. Puisque cette Bonté avait formé les créatures raisonnables soumises à l'épreuve de la mort en vue du mérite et de la récompense, et qu'elle surpassait entièrement toutes choses avant même qu'aucun être soumis à l'épreuve eût été créé, il est nécessaire qu'elle ait agi toujours semblablement et qu'elle ait comblé de grâces absolues et de parfaites récompenses toutes les Créatures ensemble autant qu'elles l'ont mérité par la mort (par la seule Résipiscence ou pénitence de ceux qui la reçoivent et qui l'imitent par une conscience pure) et autant qu'elles le devaient mériter autrefois dans le corps. C'est pourquoi la Providence qui ordonne toutes choses n'a rien établi dans l'Église virile de la grâce, touchant l'*Origine de l'Ame*, parce que cette vérité, autrefois très connue d'Adam, est réservée à la contemplation de nos siècles.

V. Puisque nul homme ne peut nier que la souveraine Puissance soit fléchie par la Miséricorde qui, dans le Dieu immutable ne s'éteint jamais, et qu'elle se présente fréquemment aux hommes misérables, il est nécessaire que toute miséricorde par laquelle le genre humain est soulagé jusqu'à ce jour, utilement, réellement, tant en général qu'en particulier, procède de celui qui participe des deux natures conjointes en un seul Être, afin que Celui qui est l'auteur de la Création et de la Distinction de toutes choses soit aussi l'arbitre temporaire de la Justice et de la Miséricorde réunies. C'est à propos de ceci que le Musulman croit que *Jésus* est le Juge très équitable de tous les êtres.

CHAPITRE VII

SUITE DU MÊME.

I. Puisque cet Univers, c'est-à-dire tout ce qui existe, est régi par des Vicissitudes continuelles, par des accroissements et des décroissements, par des altérations et toutes sortes de mutations, et puisque, avant que fût aucun Numérateur de l'Intellect, ce mouvement tendait au moins vers la génération, il est nécessaire, Dieu étant immobile et permanent, que cette vicissitude provienne d'une cause mobile, non pas séparée de Dieu, mais proche de lui, et dirigeant et conservant aussi bien l'Essence une fois donnée par lui, que l'Être distingué individuellement par la même cause, car celui qui a donné à tous les Individus et à chacun en particulier la faculté d'Être différemment, leur conserve la faculté de bien Être, en les confiant au soin de sa Sapience. Ainsi donc, Dieu est l'*Être des êtres,* le genre des genres, la forme des formes, bien qu'il ne soit ni genre ni forme ; et l'être par la vertu duquel subsistent le genre et la forme doit donc les unir l'un et l'autre par dessus tout ; et c'est cet *Individu des Individus,* par lequel toutes choses se distinguent chacune particulièrement.

II. Il s'ensuit donc qu'il faut prendre à la lettre le symbole où il est dit : *Et en un seul Seigneur, Jésus-Christ, par qui toutes choses ont été faites ;* ainsi l'*Éternelle Sapience,* non seulement doit être réellement reconnue comme existant dès l'Éternité avant toutes choses et au-dessus de toute créature, mais encore on doit reconnaître la Sapience créée, unie par prédestination au Verbe Divin, qui a parlé à nos Pères par un grand nombre de figures, lorsqu'ils l'ont bue et mangée, principalement dans le sacrifice consommé par le grand-prêtre en présence d'Abraham, et aussi par la *colonne de nuée et de feu,* dont l'effigie guidait les Israélites et les accompagnait

partout où ils allaient, puisque Dieu, à cause de
son Immobilité et de son Infinité est incapable en
aucune manière de changer de lieu ou de place.

III. Il est donc le seul Roi (מֶלֶךְ יָ צֶ דֶ ק)
(*Mal'ik Tsedeq*) de Justice et de Paix, le seul
Grand-Prêtre du Dieu Très-Haut, le seul sans Père
ni Mère, puisqu'il n'avait point fait partie d'un
corps avant d'entrer en celui de sa Mère, le seul Arbitre de la Loi de la Nature, en visitant les âmes
par la grâce spéciale, et en leur exposant leur péché; lui seul a pu bien parler d'Abraham qui avait
été béni de Dieu, puisqu'il était son aîné; lui seul
n'ayant ni commencement de ses jours ni fin de sa
vie, est réellement prêtre dans l'Éternité; celui-là
seul peut être assimilé au Fils de Dieu, qui ne peut
être prêtre que selon l'ordre de soi-même. Puis
donc qu'il n'était pas suffisant qu'il fût prêtre dans
l'Éternité par l'*Ame*, et que nous nous accordons
à croire qu'il l'a été non seulement par l'Ame,
mais aussi par le Corps, il est donc nécessaire
qu'il ait été ordonné prêtre, à la fois *dans l'Ame et
dans le Corps* selon l'Ordre de lui-même, parce
qu'il ne pouvait être ordonné selon un autre ordre
lui fût supérieur.

IV. *Ceci est un des Secrets de l'Écriture* que ni
les Apôtres, ni l'Église elle-même n'a pu nous
transmettre, quoique le Christ l'ait conservé avec

un grand nombre d'autres pour nous le faire comprendre et l'enseigner aux puissants. Il restait
donc cette grande parole de Melchisédec, difficile
à interpréter suivant S. Paul (Hébr. v, 11), et qui
était réservée pour notre temps. Bien que la cen-
sure de l'Église ait trouvé bon de se rallier à cette
opinion, néanmoins elle ne l'adopte pas réellement
ou du moins l'adopte négligemment, de même que
la Vérité Éternelle montre beaucoup de notions
qui avaient été constituées à leur époque par l'Esprit-Saint pour régir la véritable et ordinaire
Église, dans sa période de Jeunesse, et dans lesquelles le véritable sens des choses sacrées est
oblitéré et la Divine vérité altérée par la tradition
humaine.

V. *C'est là une opinion solide,* stable et entièrement nécessaire, qui, même étant mille et mille
fois attaquée, prévaudra cependant; elle donnera
une louange éternelle à notre Médiateur « dont
« l'Ame, vivant au-dessus de tout corps par la
« force de l'Union Divine, a désiré la croix depuis
« l'origine du Monde, afin d'expier nos fautes
« dans son corps avec la même douleur si long-
« temps soufferte par l'Ame »; elle lui donnera
également les noms de Christ et d'Homme qu'il
avait déjà mérités avant son corps, de même que
nous appelons à bon droit Hommes et Christs

(oints) de Dieu, les Saints Hommes qui, ayant avec le Christ abandonné la dépouille de l'homme, désirent maintenant notre salut avec ardeur, comme son Esprit lui-même implore pour nous avec des gémissements innénarrables.

CHAPITRE VIII

DE LA NATURE DE **DIEU**-HOMME.

I. Outre que cette *Sapience créée* est la *Média-trice* de l'Univers, entre Dieu et les autres Êtres placés entre Dieu et l'Homme, et la Créatrice, Conservatrice et véritablement Salvatrice (*sotrix*) de tous les Individus, puisqu'elle a été créée dès le commencement et avant les siècles, elle porte encore le nom de Rédempteur actuel dans les Saintes Écritures ; c'est pourquoi le *Prophète païen Hiob*, dit, plus clairement qu'aucun des Prophètes sacrés et reconnus comme tels : « Je sais que mon Rédempteur est vivant, etc. (XIX, 25), car dire : Je sais que le Rédempteur est vivant, équivaut à dire : Je sais que le Messie actuellement en acte

(oppos. à puissance) qui est mon Rédempteur est
vivant. Car le vocable de *Rédempteur* dénote un
être composé de deux natures, de même que le
Christ.

II. Tout homme, avec la *grâce* suffisante au
salut qui jamais ne fait défaut à aucun, était tenu
de descendre dans la cognition de soi-même et de
Dieu ; mais il lui était impossible de parvenir par
lui-même à cette cognition, ni ne pouvait, par cette
raison, mériter le Ciel pour lequel nous sommes
créés, à moins que le Premier de tous entrât au Ciel
et nous entraînât avec lui, comme une grappe, puisque c'est lui qui nous a envoyés ici comme en exil,
dès le commencement de notre création. Car, si nous
n'avons pu recevoir l'existence d'autre part que de
la main du Médiateur, et puisque c'est une muta-
tion beaucoup plus grande de passer dans la Vie
Éternelle que de passer dans la vie temporelle, il s'ensuit que nous pourrions bien moins nous passer de
Médiateur pour obtenir le Ciel, même sans péché
actuel, que pour avoir été créés ; quoique cependant sans lui nous ne serions nulle part,

III. Absolument donc, quand bien même le
premier Homme n'eût pas détruit par son péché
l'ordre des choses de l'Univers et n'eût pas ruiné
sa postérité, cette *Ame heureuse* fût cependant
venue dans la chair un peu après la Création du

Monde, afin d'exciter ses créatures aux actions gé-
néreuses qui se fussent toujours présentées dans
la nature devant être dirigée pour ses fins; de
sorte qu'il eût fait le Premier son entrée dans le
Ciel, les entraînant avec lui dans la Sainte Assemblée (*per sacram synaxin*) *par son corps* uni à tous
les êtres divisés; mais le Péché s'y étant ajouté,
il y eut alors pour lui une double nécessité de
venir.

IV. Car il fut excité par tous les dons du Créateur en lui, à *effacer* par lui-même les Délits au
nom de tous ceux qui les avaient commis, par la
plus grande pauvreté, douleur et opprobre; à *ré-
parer* les abus des Biens communs (de la fortune,
comme disent les méchants), des Biens du corps et
de l'âme que les misérables ne craignaient pas de
n'attribuer qu'à eux-mêmes.

V. Je sais très certainement, parce que dans les
choses de la Foi restituée j'emploie la Contemplation au lieu de la simple créance, qu'un être aussi
excellent que l'*Arbitre du Monde* ne devait pas
naître semblablement aux autres hommes; *mais
puisque son Ame existait dejà avant son corps* et
que Dieu, dans son ordre habituel, ne fait jamais
pour le plus élevé que ce qui peut être fait pour le
plus bas, il a donc dû naître sans opération virile,
d'une mère Vierge et par une opération complète-

ment Divine. Car, puisque le Corps est animé par l'Ame et que l'Ame se joint au Corps comme une forme par le congrès du mâle, il eût été superflu ici que l'œuvre du mâle vînt s'ajouter où se trouvait déjà la perfection sans égale de l'Ame unie à la Divinité.

VI. Puisque je sais très certainement que *toute l'Excellence du monde* est réellement due à ce premier des premiers, toute perfection a dû se trouver en sa *Mère*, plus qu'en aucune Créature Humaine; elle a dû également être sans péché, soit par la Nature, soit par un privilège *entre les plus parfaits des enfants d'Adam*, puisque par elle devait naître et se manifester le Médiateur immortel, sans frères utérins et sans qu'aucun droit l'obligeât par conséquent à partager l'Héritage, sinon par la Grâce. Afin que, de part et d'autre son Humanité apparaisse mieux aux siens, il a voulu être soumis à la mort comme il en sera de même, d'ailleurs pour les martyrs ultimes, Hanoch et Eliah qui sont ses inférieurs, et qui, depuis longtemps préservés de la destruction s'exposeront cependant volontairement à la mort contre Armilon (1).

---

(1) Voy. Lexique Chaldaïco-Thalmudi-Rabbinique de Jehan Buxtorf, col. 221 et suiv.

CHAPITRE IX

DE LA CONDITION DE LA VIE DU DIEU-HOMME.

I. Puisqu'il est très certain que le Premier Père
(אדם Adam) créé par Dieu dans la Perfection, a
dû percevoir par l'Intellect les raisons très mani-
festes de toutes les choses qui devaient advenir
dans la Vie temporelle du Médiateur, et qu'il est
entièrement nécessaire que tout ce qu'Adam a
perdu autrefois par le Péché soit rendu dans la
Restitution, avec usure à chaque fidèle, il faut
donc donner des raisons valides de tous les *Mystères* très secrets qui sont contenus dans la Nativité,
la Vie et la Mort du *Médiateur*. Et en vérité on ne
peut rien dire de la Parturition de la Vierge qui
ne soit pris de la substance de la chose elle-même,
c'est-à-dire que, cette *Ame étant unie à la Divinité*,
avant toutes choses créées, le Mystère Divin de
l'Esprit Saint a suffi pour accomplir cet enfantement sans aucune action devant conformer cette
Vie à la nôtre; et de même que par lui nous rece-
vons la Vie temporelle, par lui seul nous devons
posséder la Félicité éternelle dans l'Ame et dans le

corps, puisqu'il a uni ensemble l'Ame et le corps
en tout lieu.

II. Et même si l'Homme n'eût pas péché, son
Avènement eût été d'une utilité multiple : *Primò*,
afin que le plus haut degré de Vertu parût en lui
comme dans un chef suprême, et qu'il s'instaurât
et s'établît au plus haut des cieux comme le *véritable Hanoch;* car Hanoch est né au temps où
aurait dû naître le Médiateur si nous n'avions pas
commis le péché, et il ne fut enlevé de la vie qu'à
cause de la force des grâces qui, pour cette raison
étaient influées en lui ; *Secundò,* afin de nous enseigner le *Mystère de son Incorporation* dans le
Sacrement de l'éternel Testament. « Car il n'est
« pas possible qu'aucun soit absolument Bien-
« heureux dans l'Ame et dans le Corps sinon par
« la manducation et la bibition de sa Chair et de
« son Sang, puisque par ce Mystère nous sommes
« unis à lui dans l'Ame et dans le Corps; » *Tertiò;*
afin que son *Corps,* en montant au *Ciel,* nous
attirât avec lui, unis avec les Mystères, étant nourris de sa Chair adaptée à nous ; de même que nos
yeux se repaissent des rayons du Soleil, non par
le Soleil lui-même à cause de l'Infirmité de notre
vue, mais par la Lune où ces mêmes rayons sont
divisés et tempérés pour nous.

II. Mais le Péché ayant été commis, puisque la

foi avait été engagée au Père au nom de nous tous,
il fut nécessaire que *sa condition de vie s'opposât
entièrement à la dépravation* et que celui qui était
innocent et Seigneur de tous les esclaves et coupables qui avaient commis le péché contre le Dieu
infini, en abusant des Biens de l'Ame par la Vaine
Louange et Gloire et par l'Amour-propre; des
Biens du corps par la Luxure; des Biens externes
par l'Avarice ou le Faste, recherchât au lieu de la
Gloire et de la Louange, l'Opprobre; au lieu des
Voluptés, les Douleurs; au lieu des Richesses
superflues, l'Amour de la plus grande Pauvreté,
et surtout qu'il donnât sa Vie immortelle, par son
triple pouvoir d'ailleurs, dans de très cruels sup-
plices inconnus avant lui, sous cet Empire qui
après sa mort et celle des siens devait être subjugué à son tour parce qu'il avait subjugué l'Univers
entier par ses forces.

IV. Il fallait donc qu'il fût condamné sous la
Quatrième monarchie du monde, qui est la quatrième et absolue période de l'*Empire Babylonique*, c'est-à-dire sous l'Empire Romain, pour qu'il
pût par sa très efficace mort, le vaincre ainsi que
son auteur le *Diable*, celui-ci n'ayant plus d'espace
pour s'avancer au-delà; et qu'il fût désavoué par
les fils de son Église dont il était pourtant la première Pierre, afin qu'en recevant des siens, à l'ins-

tar de Dieu, une injure encore plus grande, il ac-
crût encore davantage ses mérites pour nous et
qu'il versât des pleurs plus abondants sur ses crucificateurs et ses réprobateurs, puisqu'il est placé
au sommet de l'Angle (*in caput Anguli*).

V. Comme le plus grand Amour et la plus Im-
mense douleur n'étaient qu'en vue du peuple mosaïque, qu'il veuille ou ne veuille pas le reconnaître,
il fallait qu'il fît dans les Enfers l'épreuve de toutes
les Douleurs puisqu'il nous avait enseigné, étant
vivant, le dogme de sa *Résurrection* et de la nôtre;
car, bien que nous ayons mérité complètement
l'extermination par l'abus que nous avons fait des
dons divins, nous espérons cependant avec toute
assurance que nous avons été purifiés et lavés
dans sa mort, explicitement et implicitement et
que nous recevrons, qui que nous soyons, avec
usure, ce que nous avons perdu de droit.

CHAPITRE X

DES MODES DU JUGEMENT DIVIN.

I. Après la mort et la Résurrection il devait re-
monter au Ciel et point n'est besoin de raisonne-

ments pour prouver que toutes ses actions « eus-
« sent été vaines si elles n'eussent pas été finale-
« ment confirmées dans le Ciel. Car même sans le
« péché, le but était le même quoiqu'il n'y eût pas
« autant à effacer dans le Ciel si nous n'étions pas
« tombés dans l'impiété : mais afin de permettre et
« même d'enjoindre aux Anges et aux Bienheu-
« reux ainsi qu'à ceux qui passent, et principale-
« ment depuis leur immutation, de converser li-
« brement avec l'objet de toutes leurs pensées, il
« n'eût pas manqué lui, source de charité, à un
« si grand devoir. » Mais par suite de l'obstacle
de nos péchés, il n'est pas possible pour celui qui
désire le ciel de parvenir à l'immortalité dans la
chair, hormis pour un très petit nombre d'hommes
d'une insigne sainteté.

II. Il fallait donc nécessairement qu'il empêchât
l'accès du Ciel (*retinere Cœlum*) à cause des péchés
du monde jusqu'à ce que vinssent les temps de la
consolation (*Tempora Refrigerii*) et que le Père
eût pitié de lui une seconde fois au temps de la
Restitution de toutes choses, ce qu'il a prédit lui-
même par ses Prophètes, et principalement par
Moïse qui dit, comme l'atteste S. Pierre (actes des
apôtres, iii, 22) : Dieu suscitera du milieu de vous,
c'est-à-dire parmi vos frères, un Prophète semblable à moi, etc. Et toute âme qui n'écoutera pas

ce prophète sera exterminée du milieu du peuple.
Il résulte nécessairement de ces paroles que ce *Juge*
futur est celui qui est l'auteur des Individus et des
Tempéraments, et ainsi, ce Juge futur et véritablement Premier est semblable par son œuvre au
prophète Moïse, car, de même que « le droit était
« divinement accordé à Moïse d'exterminer tous
« les iniques possesseurs de la Terre sainte, à
« moins qu'ils ne se convertissent à la loi de Dieu,
« ainsi il sera permis, au second S. Pierre, au second
« Moïse et au second David, en présence de *Jésus*
« *Vengeur*, de forcer d'entrer tous ceux qui ne
« voudront pas venir » ; c'est pourquoi jusqu'à ce
jour il n'a pas été permis de faire usage des *Armes*
parce que c'est le temps de la Patience et non de
la vengeance et le moment de vaincre par l'Inno-
cence de la vie.

III. Puisque le *Monde inférieur* « est créé de sorte
« que la volonté du Seigneur s'accomplisse sur la
« Terre comme dans le Ciel, la répression de la con-
« fusion présente ne peut être faite avant que tous
« les hommes vivants soient d'abord jugés par le
« Jugement, et que tous les méchants soient con-
« damnés et exterminés sur toute la Terre, c'est-
« à-dire tous ceux qui, dans tout l'Orbe des
« terres, n'auront pas acquiescé en pensée et en
« actes (*animo et factis*) à la Loi de Dieu qui doit

« être maintenant publiée dans l'univers sous la
« conduite de la Raison, et exposée à la capacité
« de tous. » Car, puisque cette disposition du
monde provient non de la volonté ordonnée, mais
permissive de Dieu, et que l'*Ordre céleste*, tant
dans les Anges que dans les Bienheureux dépend
au contraire dans le ciel de sa volonté ordonnée
et non permissive, il est nécessaire que Satan, de
même qu'il a été chassé de l'Assemblée des Anges
avec tous les autres, soit donc enfin par le *présent Jugement*, exterminé avec ses compagnons, du
milieu des hommes pieux. Sinon le Dieu omnipotent serait trompé par sa volonté dans les êtres inférieurs.

IV. Puisque *Dieu* qui est infiniment juste doit
imposer la fin au monde par la conflagration dans
les éléments et l'extermination des choses créées
afin que Tout soit purifié, il ne pourra appeler jus-
tement en tous lieux tous les hommes au moment
du *jugement dernier*, à moins qu'ils n'aient été déjà,
pour ce jugement à venir, libérés de la fréquentation et des exemples des méchants et disposés à la
Familiarité sacrée de toutes les choses célestes, les
confirmant dans leur *croyance*, et qu'ils aient été
ramenés à une condition beaucoup meilleure que
celle qu'ils occupaient avant le péché. De plus,
comme ni le *vice* ni la *vertu* ne peuvent être con-

duits à leur fin dernière que par ceux qui sont con-
firmés dans la Grâce et l'Immortalité, il est nécessaire qu'il advienne, avant le Jugement dernier,
que les *Bons*, immortels, s'exposent à la mort vo-
lontaire, à l'instar du Christ pour sa vérité, avec
Hanoch et Elias, et que les *Méchants*, dans leur
fragilité, veuillent s'élever orgueilleusement en
tout au-dessus de celui qui se nomme Dieu, et
qu'ils pèchent ainsi à l'instar du Diable, contre
l'Esprit-Saint.

CHAPITRE XI

DE LA CONSIDÉRATION DE LA PERFECTION PAR EXCELLENCE.

I. Bien que le même *Esprit Saint soit le Modé-
rateur de l'Univers* et comme le Doigt de Dieu en
toutes choses et principalement dans le gouver-
nement de l'Église qui a subsisté depuis Adam
jusqu'à nos jours par trois âges, savoir : celui de
la *Nature*, situé dans l'Ame ; celui de l'*Écriture*,
posé dans l'Ame et le Culte extérieur ; celui de la
Grâce, tendant à l'Agnition de soi et à l'imitation

du Rédempteur; semblablement à l'Enfance, la Jeunesse et là Virilité; et qui maintenant entre dans la Vieillesse et la plus grande perfection, après l'extermination des Impies, jusqu'à la Fin, au nom de la *Concorde* et de la Restitution future; néanmoins, il est évident que l'Église et la Grâce de l'Esprit Saint sont beaucoup plus étendues qu'on ne le croit communément.

II. Car puisque Dieu, le meilleur des Êtres, veut que *tous les Hommes*, dans toute la terre, sans aucun excepté, soient sauvés, puisqu'Il les aime tous au-dessus de tout, et ne hait rien de ce qu'il a fait, il eût donné en vain la Grâce de l'Esprit Saint à tous dans l'Univers, si nul autre que celui qui est initié au culte extérieur et secret de l'Église eût pu se sauver. Le très-grand et principal Baptême de l'Esprit et la Circoncision spirituelle, approuvés dans tous les âges de l'Église, eussent été inutiles, puisque l'Esprit dispensateur de toutes choses les eût donnés tout à fait inefficacement. Car, bien que Dieu donne par la main de son Église et par ses oraisons et ses mérites, la vie patente et latente de la Grâce aux êtres externes, de même que, par un *seul cœur*, il fait affluer l'air dans les artères et le sang dans les veines de sorte qu'ils sont répandus par tout le corps; néanmoins, les membres du corps mys-

tique ne sont pas moins que le cœur, et c'est
pourquoi tous ceux qui vivent des humeurs qu'il
leur distribue ne les repoussent pas. *Ceux-là seuls
sont* ÉLOIGNÉS *du giron de l'Église, qui se refusent
à son agnition.*

III. C'est pourquoi tous ceux qui sont ou furent
sous quelque Loi, Peuple ou Époque que ce soit et
qui n'ont jamais entendu parler des Remèdes du
Médiateur dans la loi cérémonielle de la Nature
ou de l'Écriture ou de la Grâce, ou s'ils en ont
entendu parler, ne l'ont pas compris, ou si après
l'avoir compris autrefois en ont perdu la notion,
ou par les vicissitudes des temps, ou par l'injure
des Hérésies (*injuriâ* Hæreseωn), ou l'incurie des
Pasteurs, soit en partie, soit complètement, « si
« cependant, ils placent leur Loi dans le témoi-
« gnage de leur propre conscience, comme le fit
« Job et une infinité d'autres, il est très certain
« qu'ils sont plutôt dans la Loi du Médiateur dont
« ils suivent la volonté par les œuvres de charité
« que ceux qui, baptisés ou circoncis, renient
« leur profession en accomplissant des œuvres
« criminelles. » Car ceux-ci ne sont pas sauvés
dans le Christ et ne pourront prendre place à côté
de lui; mais ils seront condamnés quoique initiés.
Car celui qui, niant le Verbe, pratique les Œuvres, accomplit mieux la Volonté du Seigneur

que celui qui ne joint pas les actes aux paroles dans ce qu'il a promis.

IV. Ainsi, de même que notre *Corps* et même celui de tout être vivant, possède un bien plus grand nombre de parties cachées au moyen desquelles il se fortifie et vit, que de parties visibles aux sens, il est sans aucun doute que le corps de l'*Église* doit posséder beaucoup plus de membres cachés à nos yeux que les membres visibles qui se révèlent par le culte extérieur. Et malheur, malheur, mille fois malheur au Monde, puisqu'il conserve tant d'impuretés dans le salut des titulaires chrétiens. Car, ni la Nature, ni Moïse, ni Muhammed, ni aucun fondateur de secte ne sont la cause pour laquelle de bonnes œuvres et conformes à la volonté du Christ, s'accomplissent dans tout le monde; mais c'est l'*Esprit de Dieu*, mais c'est l'Ame du Christ animant latentement toutes les Ames et les excitant aux œuvres de charité, et donnant tous ses sacrements, hormis la seule Eucharistie (*Synaxin*) qu'il est absolument nécessaire de *consommer en acte*, corporellement ou sacramentellement, puisqu'on affirme qu'aucun corps d'Homme ne peut être glorifié auparavant. Car si nous ne mangeons en acte ou réellement Sa Chair et si nous ne buvons Son Sang, nous n'aurons pas la Vie en nous. C'est celle-là qui nous donne la Vie Éternelle; c'est celui-ci qui, dans l'Ame et le Corps, nous rend *Uns* avec le Christ en cette Vie corruptible ou restituée, comme le Christ Lui-même est Un avec le Père. Il est Lui-même la Grappe féconde de la Victoire irrésistible et éternelle, vers laquelle, ainsi qu'il est dit dans le Cantique, il faut nous efforcer d'ascendre, afin de la recueillir, *ce qui, dans cette vie, est le point le plus élevé et le plus proche de Dieu.*

CHAPITRE XII

DES CONDITIONS DE LA COMMUNION PARFAITE.

I. Le Monde ayant donc été ainsi constitué par Dieu, afin que tous soient conservés et maintenus dans la plus grande union en lui comme dans une famille parfaite, ce qui a coutume d'être entre le Père de famille et ses fils, petits-fils, arrière-petits-fils, amis et frères, il a voulu, lui qui est le Père de toutes les familles, leur léguer la promesse qu'il seraient tous unis avec la Divinité; et c'est à cette seule chose que l'Église, autant qu'elle le peut en ce moment, apporte tous ses soins, et quand bien même l'Homme extérieur s'adonnerait à des cultes étrangers, nulle force Humaine ne saurait cependant l'en empêcher à l'Intérieur. C'est pourquoi afin que l'Homme parvienne rectement et dûment à ce Devoir pour lequel il est créé, il a besoin du *Remède* supernaturel et omnipotent.

II. Puisque rien ne peut être considéré comme plus grand et plus manifeste, plus évident aux sens et plus omnipotent que le Corps Sacré du Christ (qui reste en Nous et avec Nous jusqu'à la fin des siècles, quoique absent et caché) qui réprime et arrête l'orgueil (*ferocia*) intérieur et de l'Ame et du Corps, Dieu nous a pourvus avec raison d'un si important Remède « afin que nous soyons victorieux à l'instar de Lui-même », puisqu'il a voulu surtout que nous fussions entraînés en haut avec lui par l'incorporation jusqu'à la même perfection, il a ordonné que nous nous élevions par cette même Manne subsistant perpétuellement.

III. Et comme il n'y a qu'un Dieu, un Médiateur, Un Genre humain, Un Monde dans lequel il n'y a qu'Une Église qui est la fin, le terme, la raison, la limite des choses Inférieures et de la divine

Volonté dans les choses Inférieures, « il est très né-
« cessaire, afin que, dans un temps déterminé, tous
« les membres de cette même Église, quels qu'ils
« soient, deviennent unis par la force de ce même
« Sacrement qui unit et maîtrise toutes choses,
« il est nécessaire, dis-je, que le Christ donne
« réellement aux siens, suivant sa promesse, le
« fruit de la vigne de son Sacrement, ce qui ne
« peut avoir lieu dans la Vie éternelle après le
« Jugement Dernier. » C'est là ce bienheureux et Salutaire Banquet dans lequel s'assem-
blaient quotidiennement autrefois les Hommes
Apostoliques et à propos duquel, Satan, com-
prenant la future perfection de la Restitution
de la Nature, a suggéré que tous les membres
qui en faisaient partie n'étaient que des glou-
tons adonnés aux voluptés de la chair, auxquelles autrefois le Christ s'était livré avec les
siens.

IV. Et il en a été ainsi parce qu'il conçu la plus
grande *Haine* contre la plus parfaite *Vérité*. Car
Satan s'efforce tellement d'atteindre à ce but qu'il
ne peut librement parler sans une envie pro-
fonde de cette future et suprême perfection dans la
communion de tous les saints. C'est ainsi qu'il a
introduit le mensonge parmi beaucoup d'autres
vérités autant que ces vérités pouvaient l'admettre,

de sorte que le monde, étourdi et stupéfié par tant
d'efforts de l'erreur, n'ose pas même murmurer.
Néanmoins le *Christ,* sans cesser d'être *pauvre* a
remporté la victoire malgré l'envie judaïque qui ne
pouvait souffrir de voir sa mansuétude alliée à sa
sévérité ainsi qu'il agira toujours envers les siens.

V. *L'avènement du Christ* ayant été ordonné absolument de telle sorte qu'il formât les âmes à son
exemple, et qu'il unît enfin avec lui toutes les
Ames ensemble et aussi les corps dans l'Assemblée
ou Eucharistie (*synaxin*) vivifique, ou du moins
qu'il donnât après le Péché l'Exemple de la Patience absolue, et qu'il fît ceci avant d'opérer la
Restitution dans l'Ame et dans le corps par la Synaxie, il fut donc nécessaire, à cause de l'existence
du péché, qu'il l'expiât en lui-même; c'est pourquoi dans le premier temps de sa loi, il n'a res-
tauré dans leur fin que les Ames qui, de fait pèchent toujours avant les corps, comme il en a été
jusqu'à ce jour, en l'an 1546; afin qu'ensuite le sacrement sacro-saint du Corps et du Sang étant appliqué à toute humaine chair à laquelle il n'avait
pas été communiqué auparavant, le plus élevé et le
plus bas se réunissent dans les êtres inférieurs
pour la gloire du Christ et de Dieu jusqu'au jugement dernier puisque tous doivent s'assembler en
haut dans l'éternité en vue de la gloire de Dieu et

du Christ. Car le Père veut que son Fils, Jésus-
Christ, soit connu d'abord dans les êtres inférieurs
et qu'il soit pleuré au lieu même de son supplice
par tous ceux qui sont ses crucificateurs, et honoré
et adoré, et qu'enfin louange éternelle lui soit donnée à Lui-même au Ciel, dans le Christ substitué à
Lui-même.

CHAPITRE XIII.

DE LA NÉCESSITÉ DU MÉDIATEUR.

I. C'est une vérité absolue et constante que
Dieu, étant immutable ne peut être sujet à aucune
affection ni fléchi, ni pour la miséricorde, ni pour
la haine. Mais il est également vrai que les hommes
sont sujets au changement et qu'il est digne de les
admettre à la haine ou à la miséricorde. Puisqu'ils
ont été créés pour une cause d'autant plus parfaite que le monde entier a été créé pour leur propre cause, il est nécessaire ou que Dieu ait été
trompé dans l'intention qu'il avait en les créant,
ce qui est impossible, ou qu'un expédient se soit

offert par lequel Dieu immutable pût être rendu
mutable. Or Dieu, par lui-même ne peut être re-
présenté comme tel, parce qu'il serait ainsi fini et
sujet aux vicissitudes.

II. D'où il est absolument nécessaire que le *Médiateur*, tout en étant *Dieu*, soit aussi *Homme* et
qu'il soit le dispensateur de la Justice et de la Miséricorde en nous. Car de même que pour Dieu lui-
même, le souverain Bien est que la loi de la bonté
et de la justice soit éternelle et immutable, de
même il est glorieux pour le Christ lui-même
qu'elle soit parfaitement atténuée et accommodée
à nos misères.

III. Il est évident pour quiconque se sert du
guide de la Raison, ou que le but de la création
du monde a été frustré et que tout est perdu pour
l'homme qui viole tous les jours la loi qui lui est
imposée, ce qui, sous le règne du Dieu omnipotent, est impossible, ou bien alors qu'il aura remis
tous les péchés commis jusqu'à ce jour en s'accom-
modant lui-même à nous et qu'il ne se souvienne
pas plus avant de ceux qu'il doit remettre; or,
puisque Dieu ne peut agir ainsi à cause de la sévérité immobile de sa Justice, il est nécessaire qu'il
ait disposé la créature de telle sorte qu'elle puisse
s'unir elle-même avec lui, ce qu'il n'a pu exécuter
par lui-même, ni dans la création ni dans la guber-

nation des choses particulières. Puisque Dieu
éternel et omnipotent avait formé le monde et les
hommes de telle sorte qu'ils dussent se trouver
avec toutes les autres perfections et qu'ils fussent
tous ensemble et dans le même temps, sans péché
actuel outrageant la charité dans les Inférieurs, il
a donc dû, ou être trompé dans son but malgré sa
volonté, ou bien oublier tous les maux et péchés
passés dans les bannis et les obstinés, *et restituer
ainsi la Nature Humaine* quoiqu'elle puisse encore pécher contre le Saint-Esprit; parce que c'est
ainsi qu'agiront les impies adeptes du quatrième et
dernier Antéchrist tellement qu'après la Restitution
de tous, il n'y aura nulle part de pardon pour eux,
ni dans les siècles présents ni dans les siècles fu-
turs.

IV. Puisqu'on voit que l'Abolition et la Rémission de tous les péchés provenant de l'infirmité
contractée par le péché est nécessaire, il faut donc
nécessairement que le *Médiateur fini et infini*
souffre une peine infinie pour nous libérer de notre
dette infinie afin que nous soyons non-seulement
délivrés de la peine, mais encore restitués dans la
gloire; il faut encore que « toutes les causes des
« ténèbres de l'Intellect et toutes les fausses *Dis-*
« *ciplines* occupant avec inanité le Monde, péris-
« sent; que celui-ci s'adonne aux seules choses sa-

« crées par l'oraison et la méditation ; qu'il s'ap-
« plique de toute son âme à la solide vérité, et
« qu'enfin, non seulement les *Maux de l'Ame* et
« leurs causes soient déracinés, mais qu'il par-
« vienne à la Vie Éternelle dans la chair de tous
« les vivants ».

V. S'il est nécessaire que la Rémission du péché
soit parfaite à tel point qu'il soit complètement
aboli, il faut de même que la *Mort*, qui est née du
péché, soit complètement détruite puisqu'elle n'existait pas avant le péché et qu'elle soit détruite où
elle n'aurait pas dû être, et non où elle n'a pas
été. Car tant que durera la mort, bien que le
Christ en ait annihilé la force par sa mort même,
la parfaite rémission du péché ne sera pas accomplie pour le pécheur lui-même, puisque tout
homme bon doit mourir avant la *Résurrection*.
« Puisqu'il est véritablement nécessaire « que tous
« concourent à cette parfaite Rémission et qu'ils
« reçoivent ensemble la Synaxie sacrée, il faut que
« les corps de tous les bons se réveillent et com-
« muniquent avec nous ; et qu'ainsi les Impies ne
« se relèvent pas dans ce Jugement et que les pé-
« cheurs ne retournent pas dans la grâce des
« Justes. »

CHAPITRE XIV.

DU MODE DE RÉSURRECTION.

I. Puisqu'il est nécessaire que s'accomplisse la *Communion* parfaite de tous les hommes pieux ensemble, non seulement dans la participation des bons mérites qui doivent être donnés par Dieu, mais dans la perception du corps du Christ et s'il faut que la *Rémission* absolue du péché et de la peine du péché s'accomplisse avant que se réalise parfaitement la Volonté du Seigneur, au Ciel comme sur la Terre, « ceci ne peut être sans que « la *Résurrection* de tous les Hommes Pieux et « agissant en vue du salut et de l'espérance de « celle-ci, ait lieu plusieurs siècles avant le jour « du Jugement Dernier, afin qu'ils puissent com-« muniquer avec ceux qui passent et avec le « Rédempteur, et consoler ceux qui sont accablés « par les labeurs de cette vie présente; » et les animer par la magnitude d'une si grande Récompense à laquelle ils atteindront bientôt comme il en eût été pour les premiers Parents et pour leurs

fils et leur postérité, après leur enlèvement de cette
vie si le péché n'eût pas existé,

II. « Ainsi il faut donc que ceux qui survivront
« à ce jugement soient changés de telle sorte qu'ils
« soient *Immortels* et ne puissent être privés de
« vie, sinon par leur propre volonté »; et il est
véritablement nécessaire que ressuscitent d'abord
dans la Charité ou dans le Christ, les Morts qui ont
accompli le bien et ont souffert pour l'amour connu
ou inconnu de lui-même, car ceux qui sont morts
dans le Christ ressusciteront les premiers. C'est la
prochaine Résurrection en laquelle seront bienheureux tous ceux qui y prendront part. Car la
première et principale Résurrection a été celle du
Christ, il y a déjà 1546 ans, puis viendra la Résurrection de ceux qui sont Christs (oints) et, enfin,
dans le Jugement Dernier de tous les hommes aura
lieu la fin de tous les impies et la Résurrection de
ceux qui auront été mis à mort par *Armilon,* et
ceux-ci iront au salut, ceux-là au châtiment éternel.

III. Lorsque toute créature humaine agissant en
cette vie aura participé au Corps et au Calice du
Seigneur, alors seulement la *Restitution* entre les
vivants ainsi que la Résurrection des Bons s'accomplira au commencement de ce très nouveau
Jour. Car tout le temps du Christ qui s'étend dans
les deux Âges de l'Église, non-seulement est appelé

Temps très nouveaux, mais Temps très nouveau,
Jours très nouveaux, et Jour très nouveau, et même
encore Heure ultime ! C'est pourquoi le Disciple
bien-aimé dit en toute vérité : mes petits enfants,
voici déjà l'Heure très nouvelle ; et cette Heure a
déjà duré 1500 ans. Par conséquent la Résurrection s'accomplira dans le Jour très nouveau, mais
avec un très long espace interposé. « Car il faut
« que les corps de ceux qui sont morts dans le
« Christ et qui doivent communiquer avec lui
« ressuscitent d'abord le soir (*in vespera*) ou vers
« la fin du Sabbath, ou tout au moins ceux qui
« ont été tués par le dernier Antéchrist qui est
« l'Anti-Dieu, Αντιθεος, en défendant la vérité et
« dont le nombre est 666, puisque le matin sui-
« vant qui est le huitième jour, aura lieu la Cir-
« concision de toute chair pour tous ceux qui
« auront été transmués. »

IV. Tout ceci accompli, alors commencera la
Vie éternelle dans le Huitième jour après le Sabbath ; bien qu'étant déjà éternelle pendant le
Sabbath, néanmoins elle n'était pas immortelle
puisque Hanoch et Élie mourront ensemble à l'instar du Christ quoiqu'il était au pouvoir de celui-ci
de ne pas mourir. Il faut donc que les mérites des
Justes viennent en surcroît. Ensuite la mort enne-
mie sera détruite, et la Mort avec la Bête de la

larve du Monde sera jetée dans l'Etang de Feu dès le commencement du Sabbath, à l'après-midi de la veille duquel nous atteignons déjà.

V. Ainsi il est nécessaire pour tous, non seulement de croire mais de connaître les Divins Mystères qui sont instaurés pendant ces deux âges à cause du péché, afin que la *Foi* étant convertie en contemplation, la *Prophétie* en prudente Ordination, l'*Écriture* en claire Intelligence, « *il n'y ait* « *enfin par toute la Terre, qu'un Pontife*, Empe- « reur et Ducteur, Souverain Index, qui se tienne, « à l'instar d'Adam au lieu même où le Christ nous « a rachetés ; qu'il n'y ait également qu'*une seule* « *Langue*, un Esprit, un Culte, qu'un seul Dieu « soit adoré par Jésus, et que toute la terre de « Syrie et la Terre Sainte, purgée de tous les im- « pies, de Pharaon et des siens, d'Esaü, d'Ha- « malec, de Moab, d'Ammon, de Pelesset, des Cha- « nanéens, soient rendue également à Dieu et « à son Culte. »

CHAPITRE XV.

RAISON DE L'ÉTERNELLE DISPOSITION.

1. C'est une opinion de la plus absolue vérité, que toute chose porte d'une manière quelconque la similitude de sa cause. C'est pourquoi il est nécessaire que Dieu ait imprimé un certain vestige de lui-même dans les choses créées et que les choses qui possèdent une certaine marque de bonté aient obtenu leurs propriétés de Lui-même. Ainsi Dieu, suivant le plus parfait et transcendental mode de considération, est *Essence, Unité, Vérité* et *Bonté*; de même nulle créature ne peut être dénuée de ces mêmes modes de considération.

II. En effet, il faut que toute chose qui est, possède d'abord l'Essence; non-seulement qu'elle possède de l'Essence, mais qu'elle soit *une*; non-seulement qu'elle soit une, mais *vraie* et adéquate à l'Intellect; et non-seulement une et vraie, mais encore Bonne et par la grâce d'un certain Bien. Car la fin de ces quatre qualités est la Bonté. Elles seraient toutes frustres sans la *Grâce du Bien*. On peut voir cette même progression dans les causes naturelles. En effet, quoique toute chose soit toute entière en cause efficiente, toute entière en cause matérielle et formelle et toute entière en cause finale, néanmoins les *trois* premières tendent réellement vers la quatrième et dernière.

III. De même, en toutes choses, la Matière et la Forme concourent en un même composé, de sorte que la propriété finale de ce composé doit se trouver en quatrième lieu. La *Possession* procurera la plus grande confiance aux mortels. Car, bien qu'elle soit toute mentale, toute verbale, et toute dans le moyen (*instrumentum*) néanmoins elle doit être en quatrième lieu, *Réelle* et cette qualité attire toutes les précédentes à elle. Le prix et l'estimation de toutes choses s'établit de même d'après l'équivalence qui existe en toute chose précieuse, savoir, par exemple, si c'est de l'or ou une gemme, etc.; puis d'après la valeur de la main d'œuvre (*manupretium*); enfin par l'Eminence; et quoique les choses indéterminées soient alors par cela même spécifiées et que leur limitation ou leur destination soit beaucoup mieux déterminée, néanmoins ces trois déterminations tendent enfin à l'addiction ou adjudication, c'est-à-dire au prix qu'elles ont été payées réellement.

IV. *L'année de la Nature* se divise en quatre saisons, commençant à l'Automne et tendant vers la quatrième qui est l'Été et dans laquelle sont produits les fruits. De même la *Lune* par ses quatre phases dans sa nouvelle réflexion du Soleil; et toutes choses, par l'Essence, la Vie et le Sens tendent vers l'Intellect où elles doivent atteindre leur Immortalité. Ainsi tous les *Pères* désirent vivre encore suffisamment pour voir, dans l'âge de leur vieillesse et de leur prudence, leurs Fils passer de l'Enfance à la Jeunesse et à la Force (*Robur*). « Car la phase principale est dans l'Esprit qui « vient en quatrième et dernier lieu. »

V. Il en est donc ainsi à l'égard de Dieu dont la Puissance, la Sapience et l'Amour ont formé toutes choses dans la Charité pour la cause de l'Homme. Car l'Honnête, l'Agréable et l'Utile convergent vers la Bonté finale.

VI. Puisque toutes ces choses et un grand nombre d'autres qui sont dans la Nature, ont été ainsi formées par Dieu, il est nécessaire que les choses sacrées qui procèdent du même Dieu soient soumises à la même condition d'existence de sorte qu'elles se dirigent vers Lui par *quatre* grades dont les trois premiers soient moins parfaits, moins dignes et moins efficaces que le quatrième.

VII. Ainsi d'abord, le *Christ Médiateur* possède, à l'instar de Dieu, quatre considérations desquelles influe la force des quatre Ages de son Église. Par

la *première* il peut être conçu comme étant la Sapience éternelle du Père; par la *seconde*, il peut
être considéré dans son Ame comme Sapience créée
avant toutes choses et unie à la Divinité; par la
troisième, comme Fils de Dieu et de la Vierge
Mère, incarné et ayant souffert *(passus)*; et par la
quatrième qui les résume toutes, comme fils de
Dieu et de Marie contenu sous le Saint Sacrement
de l'Église par le moyen duquel il peut se communiquer lui-même à ses créatures et ce moyen était
le plus convenable à lui comme à elles. « Puisqu'il
« est ainsi lui-même le Pain de Vie et le Verbe de
« Dieu nourrissant spirituellement tous les Hommes
« et conservant la grâce en eux, il n'a donc pu
« donner un plus grand *spécimen* de Lui-même
« que sous l'espèce du Pain et du Vin en s'insé-
« rant réellement dans ses membres qui doivent
« s'incorporer avec lui; de sorte que ceux qui le
« reçoivent par la Foi, l'avidité, l'ardeur, nus
« par eux-mêmes, vêtus par lui soient complète-
« ment changés en lui-même, et liés intimement à
« lui; et sans cette insertion (*insitio,* greffe) nul
« ne peut atteindre au parfait salut. » C'est la félicité du quatrième âge de l'Eglise et le *Banquet*
qui doit unir tous les hommes. C'est pourquoi il
convient d'examiner dans quelques passages du
Vieux et du Nouveau Testament combien grande

sera la Perfection future et à quel moment elle viendra dans le quatrième âge de l'Eglise.

I. — *Passages du Nouveau Testament établissant l'âge de la Vieillesse de l'Église.*

VIII. La Vérité Éternelle et Élue, Jésus-Christ, pour conserver à l'usage de son Église la base de sa Doctrine la plus parfaite « a exprimé les vérités « les plus élevées *dans des Paraboles* comme il « avait coutume de faire envers ce peuple à qui « Dieu s'était communiqué par l'esprit de Moïse; et « toute l'*Écriture* Sainte n'est autre chose qu'une « comparaison ou similitude continue des choses « divines, et accommodée à notre Enfance, de « sorte que, par elle, il nous expose les points les « plus élevés de sa doctrine par des similitudes. « *La Première* et la principale de ses paraboles « est celle du *semeur et de la semence,* de laquelle « il dit, selon S. Marc, ch. IV, 13 : N'entendez-vous « donc pas cette parabole? et comment alors « pouvez-vous entendre les autres ? Puis donc que « cette parabole est la *clef de l'Écriture* il faut « l'exposer et la considérer particulièrement. »

IX. Celui qui semait, leur dit-il, était sorti pour semer sa semence, et, tandis qu'il semait, une partie des graines tomba le long de la voie et fut foulée aux pieds, ou bien les oiseaux du ciel vinrent et la mangèrent. Une autre partie tomba sur le *terrain pierreux*, et fut desséchée parce qu'il n'y avait pas d'humidité. Une autre tomba dans les *épines* et ayant germé, les épines la suffoquèrent. Une autre, enfin, tomba dans la bonne terre, et produisit du Fruit croissant et ascendant, ici dans la proportion de cent pour un, là de soixante pour un, plus loin de trente pour un. Que celui qui a des oreilles pour entendre, entende !

X. Dans cette parabole, Dieu sème la semence du Verbe de Dieu dans le champ de son Église, qui reçoit dans de diverses conditions les Saintes *Inspirations*. *La première semence* tomba le long de la *Voie* des voies, c'est-à-dire de la conscience ou de la loi de la nature placée dans la conscience ou voie naturelle; mais en négligeant le Verbe de Dieu et les *Saintes inspirations* qui leur furent envoyées, les hommes les foulèrent aux pieds, et les Diables étant venus leur enlevèrent de l'esprit le souvenir des divines Prescriptions, et c'est alors qu'ils furent engloutis par le Déluge. *La seconde* tomba dans le terrain *pierreux* du cœur des Juifs, dénués de charité, qui, à l'instant même où ils la reçurent et quand la voix de leur Dieu tonnait encore, se mirent à rendre hommage au veau d'or, tandis que les autres murmuraient contre lui; de sorte que cette semence fut desséchée sans avoir germé, et que, repris par le semeur lui-même dans une sainte fureur, ils furent privés de la vie. Puisqu'en *Troisième lieu*, les *Epines* ou les *Richesses* suffoquèrent le Christianisme dès qu'il fut sorti de la semence, je laisse à penser ce que fut cette phase et à en tirer profit. Et en *quatrième* lieu la semence rapporta du fruit dans la proportion de 30, 60 et 100 pour un, parce que les Trois Ages écoulés, de l'Enfance, de la Jeunesse et de la Virilité auraient été frustres en puissance à moins qu'ils ne fussent complétés en acte par les bons chrétiens, les Juifs, les Musulmans, qui veulent être appelés successeurs de la loi de la nature en observant la Loi d'Abraham. Donc, ces *trois premiers âges* sont *reprouvés*, et c'est pourquoi les Disciples qui accompagnaient le Christ qui devait mourir, furent trois fois excités au sommeil mais ne devaient pas dormir une quatrième fois; et de même, Pierre, le plus élevé des apôtres, renia trois fois son Seigneur au nom de tous, mais, la quatrième fois, transformé par la Restitution en un nouveau Pierre qui doit maintenant restituer tous les hommes, il fortifia et affermit alors ses frères.

XI. C'est encore ce qu'il a voulu désigner par cette menace que proférait le Père de famille, d'arracher le *Figuier* qui était resté stérile pen-

dant trois années; mais son fermier obtint un dé-
lai d'une quatrième année afin qu'il labourât au
pied et y mît du fumier, après quoi il serait défi-
nitivement arraché s'il ne fructifiait. Ce sont aussi
les trois mesures de farine du Verbe de Dieu, dans
lesquelles Sarra, la première de toutes les femmes,
cacha le ferment, afin qu'en quatrième lieu la
concorde produisît son ferment en tous. C'est
pourquoi le Père de famille appelle trois invités à
sa *Cène;* mais le *premier* s'excuse à cause de sa
maison des champs qu'il a achetée, et représente
Caïn dans la Loi naturelle; le *second* à cause de
ses cinq paires de bœufs, s'applique à la Loi Écrite
dans les cinq livres de Moïse, travaillant vainement par les cinq sens pour le Seigneur. Le *troisième,* qui se marie, représente là concupiscence
fornicatrice et la simonie sous la Loi de la Grâce.
C'est pourquoi le père de famille n'a admis aucun
de ceux-ci à partager sa cène; (et ce n'est pas la
cène éternelle, mais celle qui a lieu *maintenant*
qu'il faut entendre), et il força d'entrer les aveu-
gles, les boiteux, les pauvres, les mutilés qu'on
put trouver sur les chemins et les sentiers, pour
manger ce qui avait été apprêté; ce qui doit arriver maintenant dans le monde entier.

XII. Mais la similitude de l'Homme blessé et
dépouillé sur la *Voie de Jéricho* est encore beau-

coup plus claire suivant la parole de la vérité
même : Un Homme qui descendait de la Jérusalem de l'éternelle Félicité, pour se rendre à Jéricho
pleine de mutabilité, tomba entre les mains des
larrons, c'est-à-dire des diables qui le spolièrent
et le blessèrent, le laissant à demi-mort ; un Prêtre
(*Sacerdos*) de la loi de la Nature passa et, l'ayant
vu de loin, négligea le blessé. Un lévite moïsiaque
qui vint ensuite au même endroit, en touchant à
peine par les Cérémonies et Sacrifices quotidiens
la blessure reçue, passa outre également. En troisième lieu, le *Samaritain*, c'est-à-dire le Christ,
dateur de la grâce, auteur (*parens*) de la Nature
et consommateur de la Loi, versa l'huile et le vin
et le pansa et le plaça sur sa monture, qui est
l'Humanité, ayant auparavant pris soin de lui en
versant sur sa blessure le Vin de la Justice et
l'Huile de la Miséricorde. Car ces deux sœurs qui
sont tendrement embrassées en lui ne peuvent
être séparées. Et il se tint réellement avec l'Infirme, un jour entier qui dura jusqu'à ce moment. Mais après celui-ci il conduisit l'Infirme
dans une hôtellerie pour le soigner pendant un
jour qui durera 1546 années ; puis le jour suivant
il donna à l'hôtelier les deux deniers des choses
supérieures et inférieures, de l'Autorité et de la
Raison, en confiant entièrement l'Infirme, c'est-

à-dire l'infirme Nature Humaine, à sa discrétion, afin qu'il prît soin de lui au nom du Samaritain, par la vertu infusé de l'Huile et du Vin, et qu'il reçût abondamment tout ce qui était requis pour cette guérison.

XIII. C'est le second Pierre, c'est Elias, qui, lorsqu'il viendra, restituera toutes choses. C'est l'autre Moïses, semblable au premier. C'est Iojachim qui restitue les vases enlevés des trésors sacrés. C'est le *Christ* qui vient alors, non dans la première, ni la seconde, ni la troisième, mais dans la *quatrième* Veille, marchant *sur la mer* de toutes les Nations, soutenu par sa seule force. C'est encore ce *Quatrième Ange* de Thyatire qui régit tous les peuples avec une verge de fer et à cause de quoi le Seigneur lui donnera l'Étoile du Matin. (Apocal., ch. II, 27, 28). C'est lui qui conjoindra les trois Anges suivants, le cinquième, le sixième et le septième, de telle sorte *qu'ils ne fassent qu'un!* Cette doctrine se trouve dans le *quatrième Évangéliste*, S. Jean, parce que, *sans Paraboles*, par la Foi, l'Autorité et le Guide de la Raison, il transmettra clairement toutes choses et enseignera aux âmes de tous les hommes à voler dans la sublimité à l'instar des aigles; et il se croira le plus maudit de tous les Hommes et prêchera qu'on doit tout au Christ. C'est lui qui est

appelé en quatrième lieu *Nathana-El* (Don de
Dieu), le vrai Israélite, en qui n'est nulle trompe-
rie. C'est à cause de ce mystère que le Christ, lui,
quatrième, est accompagné de trois Disciples bien-
aimés lorsqu'il doit souffrir les tourments de la
passion, mais surtout lorsqu'il est transfiguré. Et
c'est pourquoi il se trouve en *quatrième lieu* avec
Moïses et Eliah, de sorte qu'il achève, à l'instar de
la quatrième semence, les Trois Ages imparfaits,
de la Nature, de l'Écriture et de la Grâce qui
n'auront ainsi été qu'en puissance parfaite « jus-
« qu'à ce que vienne en quatrième lieu leur
« *Transformation,* car alors *Eliah,* compagnon
« d'Hanoch, *Moïse* et *Iésus* déduiront de Puis-
« sance en Acte, le premier la Loi de la Nature,
« le second la loi de l'Écriture, le troisième sa
« propre loi de la Grâce, afin qu'elle porte des
« fruits au tridécuple, au sexdécuple et au cen-
« tuple et que cette si grande diversité de profes-
« sions soit complétement détruite en présence
« de la *Vérité Une.* Alors aura véritablement
« lieu, *la Fin du Monde,* c'est-à-dire de cette
« Larve Babylonique qui fascine maintenant les
« yeux de tous les Hommes. » Mais il convient
maintenant de déterminer d'après les âges précédents quand doivent avoir lieu toutes ces choses.

XIV. *La Nature* a duré 1656 années; l'*Écriture*

(après un intervalle d'environ 800 ans) a [duré 1503 ans, et la grâce 1546. *Donc le grand et horrible Jour du Seigneur est proche.*

II. — *Passages du Vieux Testament qui établissent cette même doctrine.*

XV. La *Création* des choses, adaptée à notre Entendement et qui a été faite par Dieu, mais ensemble avec le Christ qui est אלהים (*Ælohim*) c'est-à-dire Dieu auprès de nous (*erga nos*), et disposée successivement par אלהים (*Ælohim*), selon l'Ordre, la Succession et l'Aptitude des choses qui doivent être déduites de la Puissance de la matière en Essence, cette Création, dis-je, nous présente entièrement cette *perfection quatrième.* Car Dieu, Dieu-Homme, l'Ange et la Matière sont avant toute distinction matérielle, bien que cependant leur fin soit dans la matière. *Dieu* se complaît dans sa quadruple nature, le *Christ*, dans sa quadruple nativité, les *Anges* dans leur quadruple Sacrifice, la *matière* dans ses quatre Éléments, placés au Ciel et dans les sphères inférieures; les premiers, sont la matière complètement purifiée; les seconds, la matière grossière; c'est pourquoi le Feu céleste, l'Air, l'Eau et la

Terre qui est dans les corps célestes, s'adressent en bas à nous, en nous faisant signe.

XVI. Mais ceci est plus évident encore dans la description de la Génèse (Geneseωs). Car le *premier* jour n'obtient son complément que le quatrième. Car la *Lumière* fut créée indécise (*sparsa*) comme on la voit dans l'Aurore ou le Crépuscule, et resta ainsi pendant trois jours, jusqu'à ce qu'elle fût circonscrite le quatrième jour dans les deux globes du Soleil et de la Lune, et dans les Etoiles; quoique cependant la vraie Lumière ne vienne que du Soleil. De même le *second* jour n'est complété que par le *cinquième*, qui, par rapport à lui n'est que le quatrième. Car, bien que les Eaux soient distinctes dès le second jour, néanmoins elles ne produisent et renferment la Vie, ce qui est leur véritable fin, que le cinquième jour. Le *troisième* jour la terre est ornée de végétaux, d'herbes et de plantes; toutefois ils n'y sont pas placés à cause d'elle, puisqu'ils reçoivent leur complément le *sixième* jour dans les Êtres Animés et dans l'Homme. Le *septième* jour est le *Repos*. Donc toute *imperfection* se trouve encore avant le *quatrième* jour; car la Perfection des trois jours précédents est contenue dans celui-ci. La *Lumière* est la Loi de la Nature illuminant par la grâce tout homme venant en ce monde. La distinction des *Eaux* et le

Firmament placé au milieu d'eux se rapporte clairement à l'élection des Eaux Judaïques parmi
toutes les autres Eaux. Car les Eaux représentent
les peuples nombreux. L'Apertion de la *Terre*, et
le retrait des Eaux de toute sa surface, s'applique
évidemment à la Loi de la Grâce qui retira les
Hommes des Eaux du monde et imposa sa loi
à ceux qu'elle avait ainsi sauvés (*Expiscatis Homi-*
nibus) afin que les Eaux salées et nuisibles ne
couvrent pas davantage la Terre. « Mais en qua-
« trième lieu, la Lumière de la Terre étant com-
« plète, toutes choses viendront à leur fin et
« perfection. Du quatrième au septième il n'est
« rien que *Repos*. »

XVII. L'*Eden* est, de nouveau, la plus grande
volupté du monde, c'est-à-dire Dieu ; dans l'Eden
est le Jardin du Christ, planté d'Ames dans lesquelles sont tous les fruits du monde. Mais en son
milieu se trouve l'*Arbre de Vie*, c'est-à-dire l'Humanité du Christ par laquelle nous vivions tous de
la Vie supernaturelle dans la perfection de l'Ame,
avant que le corps fût né ; et dans l'Ame et dans
le Corps, par la vertu de l'Incarnation et de la
Passion. Enfin, dans ce même milieu est placé
l'autre *Arbre de la Science* du Bien et du Mal, c'est-
à-dire le Sacrement de la Communion ; c'est donc
la *Roue dans le milieu de la Roue*. Dans l'*Infinité*

de la Divinité, est incluse l'*Ame des Ames*, supérieure aux Anges ; dans l'Ame est inclus le *Corps des Corps* après la glorification, plus vaste et étendu que les cieux ; dans le Corps, l'Ame et la Divinité est l'Ombilic de toutes choses, « le *Sacre-« ment* Sacro-Saint par lequel nous devenons « comme des Dieux, sachant le Bien et le Mal. « C'est pourquoi, *Adam*, guidé par cette ambi- « tion, et instruit de ces choses, dans l'Ame duquel « nous sommes contenus, voulant s'emparer de « cet Arbre dans son archétype, avant que vînt le « Médiateur de l'Eglise constituée pour le consa- « crer ainsi par lui-même, se rendit malheureux « et Nous avec lui. C'est le fruit de l'Arbre d'où « vint le péché ; c'est pourquoi il faut que la mort « soit chassée du corps par le même Remède bien « employé, mais dont l'emploi illicite l'y avait fait « entrer autrefois ; et il est beaucoup plus néces- « saire maintenant, après le péché, de nous in- « corporer à lui quotidiennement et assidûment, « puisque, sans le péché il eût fallu, de même, « être uni avec lui. » C'est la sentence de *Cabodiel* et *Raziel* qui nous est transmise par les monuments les plus secrets de la Théologie dans les Réponses verbales des 72 Anciens. « Ainsi donc, « de même que l'Arbre de l'Humanité du Christ « est le Rachat du péché, de même l'*Arbre du*

« *Sacrement* est la Restitution pour l'Ame et le
« Corps dans la Vie Eternelle. »

XVIII. Auprès de ce Jardin, et proche de ces
Arbres, sortent d'une *même source* quatre Fleuves
(et ces *quatre* ne sont qu'*un*). Le *premier* se dirige
vers le midi en recherchant la Miséricorde sous
la loi de la Nature, constituée dans la partie dextre.
Le *second* se dirige vers la partie sénestre ou sep-
tentrionale (*Aquilonaris*) située dans les choses
inférieures et instables. Le *troisième* qui va de
l'Orient à l'Occident, réunissant la Justice et la
Miséricorde, c'est le Christ tenant en lui les bras
du monde, et introduisant les violents dans le Ciel
avec une absolue facilité. Il reste l'Eufrates dont
la direction n'est exprimée nulle part, bien qu'il
vienne de l'Occident ; c'est parce qu'en quatrième
lieu, tous les êtres seront libérés puisqu'ils auront
tiré leur origine de l'électissime *Empire d'Occident ;* et enfin le Tigres et l'Eufratres conjoindront
ensemble les Eaux mystérieuses de l'Humanité,
de la Croix et du Saint-Sacrement, et c'est par le
Férates ou *Eufrates* que nous serons tous comblés de
biens et revivifiés suivant l'ardeur que nous aurons
mise à porter notre croix. Dans ce fleuve Eufratres
sont liés *quatre Anges*, guides de la vengeance de
Dieu, c'est-à-dire magistrats de l'état sacré pro-
fane, mixte et populaire, qui sont prêts depuis

longtemps afin de détruire la troisième partie des Hommes.

XIX. Adam, Caïn, Hebel et Seth, marquent cette même progression comme dans chaque semencè préexistent les propriétés de l'infinie multitude qui doit en être produite ensuite ; car *Dieu est dans l'Écriture comme il est dans la Nature.* Adam, puni à cause du péché, représente la loi de la Nature ; *Caïn* aveuglé par la haine et l'ambition des choses mondaines ne se contente pas d'avoir mérité la mort, mais il tue son frère innocent. Ainsi la Loi écrite ne fait autre chose que tuer ses infatigables sectateurs ; et enfin *Hébel*, semblablement au Christ, souffre jusqu'à ce jour les châtiments en lui et en ses membres, au nom du Monde ingrat : mais son sang clame de la terre parce que le Christ est mis à mort par son propre frère charnel à cause de l'ambition de celui-ci ; en effet, il est plus souvent mis à mort par ceux-là mêmes qui lui sont attachés que par les Juifs Caïnites. « Enfin, en qua-« trième lieu, *Seth* naîtra, pour Hebel et non pour « Caïn, non corrompu, mais fait à cette image « immortelle qu'Adam avait reçue en premier lieu « avant le péché. » Ceci est l'*État de Restitution et de Concorde* où toutes choses seront rendues à leur état primitif. Noach, Sem, Cham et Iafet signifient la même chose. Et c'est pourquoi, en der-

nier lieu, lorsqu'il est traité des générations, *Sem*
est mis à la place de Iafet comme le soutien (*sta-
bilimentum*) de tous et qui survit encore 500 ans
après le Déluge. Ainsi, de même qu'on a vu dans
le premier quaternaire « l'iniquité du dépravé
« *Caïn*, de même, en troisième lieu se trouve
« maintenant invariablement *Cham*, le maudit,
« qui se moqua en voyant les parties secrètes de
« son Père, dont l'ivresse provenait de la passion
« qu'il avait eue pour sa vigne; et c'est donc
« à cause de la vie des Chamites hypocrites et dé-
« risoires, qui se tiennent à la place du Christ,
« que le Christ est blasphémé dans le monde entier
« et que les schismes prennent naissance. Mais
« Cham est maudit à cause de cela et il sera bien-
« tôt l'esclave de ses frères. *L'Orage s'approche.*

XX. De même que quatre êtres dans l'origine
de la nature créée et quatre êtres encore au commencement de l'époque qui a précédé la Loi nous
ont exposé la condition des choses alors futures;
de même nous trouvons encore quatre êtres en
trois au commencement de la Loi, c'est-à-dire lorsqu'elle fut instaurée par la seule autorité de la
Piété. Ce sont : Abraham, Isaac, Iaacob et Israël.
Abraham, à l'instar de la loi de la Nature droite-
ment écrite dans l'Ame la plus sublime, procède du
côté de la Droite vers la Miséricorde. *Isaac,* dans

les choses du corps ordonnées par la loi, se dirige
vers l'Aquilon avec Dieu פַּחַד, Pahad ou Tremble-
ment et Rigueur. *Iaacob,* tant qu'il s'appela Iaacob,
se dirigea intérieurement et extérieurement vers
l'Orient où il acquit quatre Epouses pour une seule
Rachel qu'il avait désirée. Retournant ensuite vers
l'Occident, changé en un autre Homme en passant
le torrent de *Iaboq* c'est-à-dire le Jourdain, il de-
vint alors *Israël* quand il lutte victorieusement
contre l'ange et que celui-ci lui toucha le Nerf de
la Rébellion de la Chair, duquel nul véritable Israë-
lite ne mange volontairement jusqu'à ce jour. *De
même que le Christ Jésus est Dignité et Personne
dans un même sujet,* ainsi on trouve dans l'Écriture
Iaacob et Israël comme deux êtres différents. Le
Christ a voulu recevoir ses Honneurs et sa Noblesse
contre l'usage du monde et être méprisé (*concul-
cari*) jusqu'à ce jour, en lui et les siens, bien que
tout genou fléchisse au seul nom de Iesus. Iaacob,
qui supplanta une première et une seconde fois
son frère, s'exila pour conquérir une famille. Et
lorsqu'il s'appelle Israël il rentre en Terre Sainte
après avoir composé sa famille, et il engendre *Bin-
iamin* qui lui tient lieu de fils et de mère.

XXI. Le même rapport se trouve dans ses
épouses et indique le mystère des âges de l'Église.
Mais puisque cela me revient à l'esprit, je ne veux

pas omettre le quadruple *sacrifice* d'Abraham
dans lequel la génisse, la chèvre et le bélier furent divisés par le milieu, à l'instar des Trois
temps. Mais les oiseaux, placés en quatrième lieu,
la *Tourterelle et la Colombe* ne furent pas divisés;
« Parce qu'il n'y aura réellement dans la *Concorde*
« aucune division par l'Infirmité; mais à la fin
« des Jours, tout péché sera contre le Saint-Esprit
« et irrémissible, semblable à celui du diable. » Il
n'y a pas ici de division parce que la *Chair* et l'*Esprit* s'accorderont, ce qui n'a pas eu lieu jusqu'à
ce jour. La première des femmes de Jacob, Léa,
infirme des yeux, représente ceux qui ne connu-
rent pas le péché dans la Nature, et elle fut mise
à la place de Rachel qui est la nature véritable et
belle. D'où elle enfanta quatre fils, dont les trois
premiers furent maudits par le père, et le *quatrième,
Juda*, fut choisi pour ancêtre du Messie. En second
lieu la vieille servante de Rachel fut mise à sa
place et représente le Judaïsme, qui fut ainsi une
nation adultérine. « Nous sommes l'olivier sau-
« vage, ou le troisième des fils de Zelfa ou Zilpa,
« servante de Léa, et c'est pourquoi nous devons
« être reprouvés comme adultères puisque nous
« devons rentrer à Jérusalem qui est la demeure
« ancestrale. » Le quatrième de ces bâtards est
Aser; aussi sa mère sera appelée du nom d'Église

bienheureuse parmi les Élus, pour lesquels seront abrégés les jours du premier Jugement. Car nul ne doit rester après le dernier jugement et cette affliction ne sera pas temporaire mais seulement momentanée.

XXII. Ensuite, comme la malheureuse Rachel ne pouvait engendrer, elle céda encore une fois la place à Léa en échange des *Mandragores* de l'Amour du monde et de l'odeur soporifique, et celle-ci engendra, 600 ans après le Christ, la nation des *Ismaëlites* qui reçoivent par notre négligence et notre mollesse la loi des Mandragores de Ruben, le premier-né, et, semi-juifs, semi-chrétiens, dominent maintenant sur toute la Terre. La loi est de Rachel ; les Mandragores sont des Juifs ou de Ruben qui est leur aîné ; néanmoins *Muhammed* les a réunis en un seul, bien qu'il soit pourtant le second Antechrist. Néanmoins, pendant que nous restions oisifs, il purifia presque tout l'Univers de l'*Idololâtrie* ; et la vérité éternelle de ceci ne doit pas être méprisée puisqu'elle nous est rappelée dans la parabole du Père de famille qui sortit de grand matin pour conduire ses ouvriers à la vigne. Et quoiqu'on ne fasse pas le bien, c'est déjà beaucoup mieux de s'éloigner d'un plus grand mal que de se tenir dans le pire état. Or, ceux-ci font partie de l'*avant-dernier* appel (*vocatio*) qui a été donné

pour aller à la vigne. « L'appel que donnera main-
« tenant le Maître (*Stabularius*) sera *le Dernier*,
« et, à l'instar de tous ceux qui nous auront pré-
« cédés, nous comprendrons toutes les vérités qui
« sont dans le monde entier, même celles qui fu-
« rent connues avant nous, puis, guidés par celles-
« ci, nous parviendrons à celles qui sont incon-
« nues. »

C'est réellement une bénédiction et une grande
promesse de puissance, au point de vue de la Religion qui fut donnée à Muhammed par les bénédictions qui furent faites sur *Ismaël* tant à sa mère,
Hagar, qu'à son père Abraham; car les xii *chefs de
peuples* qui devaient sortir de lui sont une marque
de Religion, de même que les xii *Pères* que l'on
compte dans la loi de la Nature, depuis Adam jusqu'aux fils de Noach. Ainsi encore le même nombre de *chefs de Tribus* est né de Iaacob. C'est
pourquoi sous le seul Christ il y eût xii chefs qui
furent les Apôtres, de même qu'il y aura maintenant « xii *princes* sous le second Pierre, et en quel-
« que lieu que ce puisse être, 72 générations,
« Ames, Vieillards, Disciples et Ministres, parce
« que ceux-ci dépendent du Ciel et de la puissance
« du nom Divin יהוה. » Car la Bénédiction d'Issachar et de Zabulon est celle des Ismaélites, et tellement que si la *lettre de la Trinité* dans le nom

יששכר Issachar n'a jamais d'aspiration dans toute l'Ecriture, c'est parce qu'ils ont refusé surtout la Vérité et le Mystère de la Trinité, tandis que leurs Pères, les Juifs, ne connaissaient rien qui leur soit plus familier. Enfin, en quatrième lieu, l'heureuse Rachel enfanta *Iosef, hors* de la Terre Sainte, et *Binjamin, dans* cette même terre, et elle mourut de la douleur extrème de ce dernier enfantement. Mais il suffit que ces Deux Fils soient légitimes et selon la volonté du Père, et c'est pourquoi ils avaient leur camp à l'occident (Nombr. ii, 18) séparés en deux parties. C'est pourquoi David prie Dieu de se manifester devant Ephraïm, Benjamin. et Manassé et non devant lui. La Promesse fut faite que le Christ se trouverait dans la postérité de Iuda, comme en témoignent les Bénédictions qui lui furent données, ainsi que les deux suscitations de la semence qui eurent lieu, indiquant ce mystère. Car *Her* et *Onan*, fils de Iuda, étant mariés à Thamar, dont le nom signifie la Palme, projetèrent leur semence à terre, et c'est pourquoi ils furent tués, le premier, dans la Nature qui fut détruite par le Déluge, le second, dans la Loi Écrite qui prit fin par la captivité et le massacre de six cent mille hommes, parce que ces deux âges portèrent la peine de la semence répandue à terre. Le troisième fils de Iuda fut *Séla*. Mais comme Iuda

ne voulait pas le donner à Thamar de peur qu'il
ne mourût, celle-ci conçut donc de son beau-père
Iuda, sous le vêtement d'une prostituée et mit au
monde deux jumeaux, *Perezium* et *Zacharum*,
ancêtres de David. *Ruth* la Moabite a la même si-
gnification. Car Naomi, qui fuyait de Béthléhem
dans le pays de Moab, avait pour mari Elimelech
et deux fils, Mahalon et Chilion, auxquels elle
donna pour femmes Ruth et Horpa, moabites.
Leurs trois maris étant morts hors de leur pays,
Horpa, femme de Chilion, resta dans Moab, mais
Ruth vint avec sa belle-mère Naomi, à Béthléhem,
où, par un quatrième époux, Boaz, la semence
fut suscitée en Ruth, au nom des défunts pour
Naomi, et c'est pourquoi il fut dit : un fils, Obed,
est né à Naomi, de Ruth. Nous voyons ainsi que la
loi Hibon, ou de la suscitation de la semence, fut
appliquée non pas tant à cause des frères qu'à
cause du père et de la mère; à cause de Dieu qui
est le Père, et du Christ qui est la Mère de l'Église
et de la Nature. C'est pour cette raison que David
est né avec Iod, sous la figure première qui a ré-
gné seulement en Syrie. Ainsi donc, puisque toutes
ces choses qui sont exposées ici sous des figures,
adviendront certainement pour nous, elles ont été
écrites en vue de la correption qui aura lieu à la
fin des siècles. Innombrables sont les passages in-

diquant ces mystères. Le plus évident est celui où Héli étant réprouvé avec ses deux fils, Ofni et Pinhas, *Samuel* est extraordinairement élu de Dieu ; et, appelé trois fois, ne reconnaît pas le Seigneur, comme Saint Pierre lorsqu'il le renia trois fois. Mais la *quatrième fois* il entend et il est créé Prophète, si bien que, depuis Dan jusqu'à Berséba, c'est-à-dire dans la latitude de l'Hémisphère, il est connu que Samuel est Prophète de Dieu. C'est pour cette raison que, dans l'édifice du Temple on plaça, après Trois ordres de Pierres, un *Quatrième ordre de Cèdres.*

XXIII. Il est clair que le Fruit final recherché par Dieu est la Vertu unie à la Charité, et que l'Homme est l'*Arbre* et la plantation ; et cette vérité a été exposée plus clairement que le Soleil par Moïse, dans ce passage qui ne peut nullement être compris ni observé à la lettre, et où il dit : Lorsque vous entrerez dans la Terre que le Seigneur votre Dieu vous donnera, c'est-à-dire dans le *Christ* qui est *Notre Terre* et que vous planterez des *Arbres*, c'est-à-dire que vous initierez des *Hommes* aux choses sacrées, le fruit se formera dans l'espace de *Trois Années*, c'est-à-dire la Vertu se formera pendant les *Trois Ages* à cause de l'infirmité de la chair, née du péché, puisque sous l'époque imparfaite de l'année de la Nature, de celle de l'Écriture et de celle de la Grâce, quoique le bien ait été voulu il n'a pas été accompli. Or tout ceci ne peut s'entendre des arbres fruitiers puisqu'aucun ne fructifie avant un espace de trois ans, ou du moins très rarement. Mais la *Quatrième Année*, dit-il, ils porteront des fruits agréables (*laudabiles*) au Seigneur, c'est-à-dire dans l'Age quatrième ou Vieillesse, tous étant restitués, il accompliront des œuvres complètes et agréables à Dieu ; c'est pourquoi il n'a pas dit agréables à vous (*laudabiles vobis*) mais au Seigneur. Puis la *Cinquième Année*, c'est-à-dire après la consommation du Monde, le *Huitième jour* ou *Millénaire* du Monde, il vous les remettra en jouissance, parce qu'alors leurs œuvres les suivront dans l'Éternité. C'est la raison pour laquelle Dieu pardonne aux Trois Crimes des trois âges, c'est-à-dire n'exterminera pas ; mais il n'épargnera pas au *Quatrième*, parce qu'alors, dans l'Age de Vieillesse, le péché ne sera pas commis par infirmité, mais par malice.

XXIV. C'est pourquoi le *Diable,* longtemps avant sa chute, en étudiant et dissimulant dans le Ciel, avait vu par l'étude *Angélique* les raisons de ces quatre Ages de l'Église ; aussi, étant appelé à l'adoration du Médiateur, bien qu'il eût adoré facilement sa Divinité, il n'adora qu'avec peine son Ame et bien plus difficilement son Humanité qui y était jointe; mais il, ne voulut jamais, guidé par l'Envie, l'adorer sous l'espèce de l'*Eucharistie,* « parce que les Hommes, nourris de ce pain des « Anges, deviendraient égaux et de beaucoup su- « périeurs aux Anges », et il préféra être chassé du Ciel pour venir en ce tourbillon (*aquilo*) matériel, et, en pervertissant tout à l'instar du singe, établir ses *deux Églises* des maux, semblablement à celles que Dieu possède dans les Anges et dans les Hommes. Les Sectateurs ayant donc été détruits une première fois sans exception par le Déluge, il suscita immédiatement aux mêmes lieux où le monde avait offert de l'encens sur les autels, le Royaume *Babylonique,* conduit par Nembrot, homme corrompu, qui est appelé, par les Païens, Belus ou Ba Belus; et c'est par lui que vint l'*Enfance* de l'impiété, par la convoitise des Honneurs. L'âge suivant, ou *Jeunesse,* fut caractérisé par la Médie ou Assyrie, adonnée aux dérèglements (*luxus*) du corps, dont il étendit prodigieusement la puissance et dont le vice fut en rapport avec cette étendue; enfin elle fut subjuguée par le Monarque grec qui était dévoré par une soif ardente de dominer et par une avarice inextinguible. Dans leur *vieillesse,* ils s'adonnèrent aux vices plus qu'il n'était en leur puissance d'en contenir, c'est-à-dire que *Rome,* en quatrième lieu, mit la der-

nière main à cette impiété qu'elle porta au degré
suprême, jusqu'à ce que Iésus, qui est la *Pierre*
détachée de la Montagne éternelle *surmonte* par sa
mort et celle des siens, l'extrême puissance du
Diable, en lui et en ses deux immondes royaumes,
et à laquelle nulle puissance Humaine n'était com-
parable. Satan était donc brisé, il replanta alors
les épines dans les serviteurs tombés du Christ,
de telle sorte que si les crimes de l'antiquité
étaient rétablis dans les temps présents, ils pus-
sent paraître comme des vertus. Or la Quintes-
sence du vice fut accomplie par *Babylone*, mais ce
peuple fut ménagé et son châtiment fut différé à
cause du sang du Christ et de ses martyrs. Mais
comme Satan savait que ce peuple devait être détruit à une certaine époque, il inventa d'autres
artifices par lesquels il pût envelopper les âmes
dans ses rets, puisqu'il ne pouvait plus en imposer par les choses charnelles, aux hommes deve-
nus clairvoyants. Il suscita donc en Chaldée une
fausse Politie avec un faux culte, par lesquels les
Hommes fussent éloignés peu à peu de la Divinité
suprême et excités à l'Idololâtrie.

XXV. Puisque le Créateur doit donc être connu
par le Médiateur et par la Sapience créée, le *venin
des anti-chrétiens* est disséminé dans l'oblitération
du vrai Dieu et alors est produite la Mer d'Im-

piété (dans toute la force du terme), qui atteint
son plus haut degré de puissance, principalement jusqu'aux Temps de la Vérité incarnée.
Comme le hideux démon (*tetra pestis*) comprenait
qu'il recevrait plus de préjudice (*damnum*) par
l'Avènement et la Religion du Médiateur que
d'avantages par le culte du principal et universel
Antéchrist, et voyant qu'à cause de notre sottise,
le lâche Prophète *Ismaëlite* s'était manifesté en
vertu de la Bénédiction donnée à son Père et à sa
Mère, il se l'adjoignit, et fit de ce prophète un
second Antéchrist par la loi qu'il lui dicta, de
sorte qu'en abolissant par lui l'Idolâtrie dans tout
le monde, il pût ainsi détruire toute la gloire du
Christ et fouler aux pieds le Christ avec les idoles,
par les fausses opinions introduites contre Iésus
et Moïse. Ainsi la pépinière (*seminarium*) de toutes
les Hérésies qui avaient existé auparavant, se
trouva replacée dans cet amas de mensonges
(*cento*), mais puisqu'il voit maintenant que le
Monde ayant vraiment les yeux ouverts, il est
impossible que puisse durer la multitude des
crimes de l'Époque Romaine, ni que subsiste
l'Ambition sous le faux peuple chrétien, et qu'il
ne peut conserver longtemps non plus les mensonges de Muhammed, « il y a pourvu en ne ces-
« sant d'attaquer ouvertement l'Évangile, en et

« par l'Évangile, de frapper l'Église par les dé-
« crets de l'Église, de combattre les Docteurs sa-
« crés par les Docteurs et la Sapience (comme je
« l'ai déjà dit une fois) par la Sapience ; et il ne
« cessera pas jusqu'à ce que se lève le *Troisième*
« *Chef* insigne, sous le bon prétexte de *la Vérité*
« *Évangélique Armée*, comme l'a enseigné *Swer-*
« *mer* et maintenant beaucoup d'autres impies,
« et que cette Hydre par laquelle est persécuté et
« agité aujourd'hui le Monde entier reçoive le
« nom de *Troisième Antéchrist*, et détruise en les
« usurpant, tous les titres de l'autorité Ecclésias-
« tique. Alors cette Hydre ainsi que toutes les
« puissances du Monde seront renversées par le
« *Souverain Vengeur, Iésus-Christ*, et tous les
« peuples ensemble soumis au joug actuel de
« l'Obédience Évangélique. Et ainsi, il ne sera fait
« qu'Un *seul Troupeau et qu'un seul Pasteur*, par
« les *Docteurs* qui auront précédé, enseignant
« tout par la Raison divine et par les *Vengeurs*
« qui suivront et qui forceront tous les Hommes,
« par les Discours et les Œuvres, ou d'entrer ou
« de mourir, et instaureront dans l'Univers, la
« Paix bienheureuse jusqu'à ce que vienne le *fils*
« *de Perdition* qui s'élèvera orgueilleusement au-
« dessus de celui qui est appelé Dieu. » Le *Pre-*
mier Antéchrist général s'est élevé au-dessus de

tout ce qui se nomme *Raison*, sous prétexte
d'attirer les Hommes à Dieu, comme s'il eût été
absent de quelque lieu que ce fût. Le *second* s'est
élevé contre le *Christ* sous prétexte de l'Honneur
de Dieu, et contre sa mort, sous prétexte de sa
bonté. Le *Troisième* s'est élevé contre tout ce qui
se nomme *Église*, sous prétexte de l'Honneur du
Christ. Le *quatrième* et dernier, au-dessus de tout
ce qui se nomme *Dieu* et ainsi sera la fin de la
guerre, tant de la part de la Divinité que de celle
de l'Impiété. « C'est l'Ordre Éternel et inviolable
« des choses que favorise l'ultime et perfectis-
« sime sens de l'Écriture, que trouvera parfaite-
« ment celui qui le scrutera avec Humilité, Orai-
« son, Pureté et fréquente Communion sans nulle
« Ostentation, mais dans l'intérêt de la gloire
« du Christ; et principalement dans la *Langue*
« d'Adam, de Moïse et du Christ, vers laquelle
« il importe maintenant que nous retournions
« tous. » Béni soit Dieu.

FIN

APPENDICE

CLEF

DE LA CLEF DE L'AUTEUR

DONNÉE PAR L'ÉDITEUR

I. Salut Ami du Mystère. Nous te donnons la Clef pour pénétrer à l'intérieur du *Sanctuaire ;* reçois-la avec des mains purifiées et n'entre pas avec des pieds impurs car il faut aller chastement vers les *Dieux ;* c'est la loi. Car si tu attires auparavant par les Décrets et Secrets des ɪɴɪᴛɪᴇ́s, l'ᴜɴɪᴠᴇʀsᴇʟ et si tu connais d'avance le *Tétrachorde* ou le *Quadrige* d'ᴀᴘᴏʟʟᴏɴ, tu auras ensuite plus facilement et plus heureusement sans aucun doute, la science de la *Mercabah* (מרכבה) ou du *Char d'Isra*-ᴇʟ, avec les Sephiroth et les autres ʀᴏᴠᴇs (ʀᴏᴛᴀᴇ) de la Sapience Kérubinique ou Biblique. Par ce combat, tantôt Poëtique, tantôt Prophétique, pénétré et oint par le souffle de l'Esprit Sacré, touché et en-

7

traîné par sa fréquentation, tu t'évaderas Divinement de la forteresse où tu es prisonnier.

II. C'est le but que notre Initié a poursuivi dans son Chapitre xv lorsqu'il nous a montré l'Esprit contemplant les magnificences et les merveilles de DIEU et de la NATURE qu'il faut connaître et rechercher à l'Intérieur du Voile de l'*Éternelle vérité*. Et c'est par cet artifice mystique que les trois lignes droites ou les trois points du Cercle ou du Triangle de la MONOTRIADE sacrée sont réunis et scellés par le *quatrième* ou Radical CENTRE de cette science divinissime dans l'Unité ou le sanctuaire sacro-saint de la *Déification*.

III. Si tu désires recueillir plusieurs graines de cette farine, et en les masticant, comprendre à fond après les Saintes BIBLES (les médecins de l'âme, τὰ τῆς ψυχῆς φάρμακα), l'abbé Ioachim, Iean Pic de la Mirandole, Iean Rœuchlin, Henri Corneille Agrippa François Georgius, Paulus Schalichius, Paulus Brunus, Iacob Brocardus, Guillaume Ouciacus, Giordano Bruno, Pierre Bongus, Iules Sperterus, Philippe Zigler, Jean Buréus et les autres Initiés des plus grands peuples, grecs, Khaldéens ou Hébreux, viens donc ici; et écoute et observe ce qu'ils ont enseigné par écrit sur les Mystères et les Arcanes des noms, des Puissances et des nombres sacrosaints et non des richesses temporelles, (lat. *No-*

mino, Numina, Numeri et Nummi) et plus encore ce qu'ils ont révélé et confié verbalement à leurs auditeurs vraiment *dignes*, c'est-à-dire à leurs Fidèles et à leurs attachés.

IV. Applique sérieusement ton esprit à ce que notre auteur a exposé suivant son temps et son génie, pour être admiré, recherché, appliqué et convenablement expliqué suivant notre manière de voir et notre siècle; crois-le et sois-en fermement persuadé. Collige donc ainsi et comprends l'*Écriture* avec la *Nature* et la *Nature* avec l'*Écriture* unies dans une suave et bienheureuse union par les infinis mystères des innombrables nombres et sens (*car le verbe de* DIEV *est infini*) et qu'ils ne soient proposés et exposés fidèlement et sapientement que suivant *un seul* SENS et perpétuellement *semblable* à lui même en tout et partout et un seul MYSTÈRE prédestiné et caché dès la constitution des siècles, c'est-à-dire JESVS-CHRIST, sauveur du Monde et qui est réellement le DIEV Incarné, Crucifié, Ressuscité et Exalté *pour Nous*, et, selon le Mystère et l'Analogie de la FOI, qui doit être spirituellement Incarné, Crucifié, Ressuscité et Exalté chaque jour *en* chacun de *nous*, croyants, et en tous jusqu'à la consommation des siècles. De telle sorte enfin, que tous les témoignages ou des Païens ou des Chrétiens et de toute la NATURE et de L'ÉCRITURE concordant ensemble, soient appliqués à ce seul Unique et Vrai DIEV vivant et que toute langue et tout Esprit avoue et reconnaisse qu'il est nécessaire que H. I. C. JESVS soit le CHRIST, *Ha immanu æl,* le vrai DIEV et la VIE Éternelle qui est en tous et en qui sont tous les Êtres. Qu'il soit béni dans les siècles.

HALLELU-JAH!

Suit

LA TABLE CLAVIGERE

Abrégée, pour que le sens du chapitre XV

soit plus facile à saisir.

	Monde	R Orient	O Méridien	T Occident	A Aquilon
	Monde	Orient	Méridien	Occident	Aquilon
	Année	Printemps	Eté	Automne	Hyver
	Homme	Enfant	Adolescent	Homme viril	Vieillard
	Elément	Terre	Eau	Air	Feu
	Hiérarchie	Adam	Moïse	Messie	ELIaAVн
	Loi	Obédience	Charité	Foi	Concorde
	Livre	Gene- Henoch seωs	Vieux Testam	Nouv. Test.	ApOcA
	Sens	Littéral	Moral	Allégorique	Anagogique
	Evangéliste	S. Matthieu	S. Luc	S. Marc	S. Jean
	Chérub	Homme	Bœuf	LiOn	Aigle
	Mystère	Incarnation	Passion	Résurrection	Ascension
	Don	Sapience	Justice	Sanctification	Rédemption
	Visitation	de la Terre	de l'Egypte	de Jérusalem	de Babel
	Fleuve	Pischon	Gihon	Chide-Kel	Phrat
	Face	des Eaux	de Moïse	du Christ	de Jérusalem
	Témoignage	Esprit et Eau	Feu et Eau	Eau et Sang	Esprit et FEV

Left margin labels (rotated):

Section 1: M. DE DIEV — H. Naturel — R. DE LA NATURE
Section 2: E. DV PÈRE — O. Rationnel — O. DE LA LOI
Section 3: N. DV FILS — M. Spirituel — T. DE L'EVANGILE
Section 4: S. DE L'ESPRIT. S. — O. DEI-forme — A. DV IVGEMENT

$\overset{\hat{\omega}}{\cdot\textbf{T}\cdot}$

5 6 7 4 3 2 1

E L I A K I M

Filio HélkIHV, Esaï, xxii, 20.

Angelo Phila Delphiæ ApO, iii, 7.

(Dans ce désert de l'ARabie, non loin de la ville de Saba des MAGes, où le CHRIST par un acte de l'Esprit après son Baptême jeûna pendant xxxx jours et xxxx nuits; et, tenté TROIS FOIS par le Diable, TRIOMPHA).

S. Matth. iv; S. Marc, i; S. Luc, iv; ApOcA, iii, 10.

AV SAINT!

AV VRAI!

Qui a la CLEF de David

Qui ouvre, et nul ne fermera

Qui ferme, et nul n'ouvrira

Tob. xii, 14, Esa, xxii, 22.

S

A + O

M D C

X X X

V V V

D. 25   M   Mart. i.

in VR   (⚏)   cujus.

Insigna   (✝)   coronata

INTELLIGENTIBUS

TABLE DES MATIÈRES

Beaugency.Imp.J.Laffray.

www.ingramcontent.com/pod-product-compliance
Lightning Source LLC
Chambersburg PA
CBHW052151090426
42741CB00010B/2221